◉ 文化中国丛书 ◉

神龍出世六千年

孙机

商务印书馆国际有限公司

图书在版编目（CIP）数据

神龙出世六千年 / 孙机著. — 北京：商务印书馆国际有限公司，2024.2

（文化中国丛书）

ISBN 978-7-5176-1071-7

Ⅰ. ①神… Ⅱ. ①孙… Ⅲ. ①龙-民族文化-中国 Ⅳ. ①B933

中国国家版本馆CIP数据核字(2024)第 022110 号

SHENLONG CHUSHI LIUQIAN NIAN

神龙出世六千年

著　者	孙　机
出版发行	商务印书馆国际有限公司
地　址	北京市朝阳区吉庆里 14 号楼 佳汇国际中心 A 座 12 层
邮　编	100020
电　话	010-65592876（编校部） 010-65598498（市场营销部）
网　址	www.cpi1993.com
印　刷	北京中科印刷有限公司
开　本	850mm × 1168mm　1/32
字　数	100千字
印　张	6
版　次	2024 年 2 月第 1 版　第 1 次印刷
书　号	ISBN 978-7-5176-1071-7
定　价	28.00元

出版说明

提到“龙”，人们会想到很多相关表述：神龙、蛟龙、玉龙、游龙、虬龙、苍龙，等等，会想象一种气势、一种造型，升腾一种心潮澎湃。这是几千年中国文化中一个不可或缺的、世代相沿的文化符号。

直至现代，中国被称作“东方巨龙”，中国人被称作“龙的传人”。

这一文化符号从文字演变、器物造形、图像绘画中都可以寻得其踪迹。

1988年农历戊辰龙年，孙机先生曾写有一组《咏龙文物》的组诗。2000年农历庚辰龙年，为“龙文化特展”，孙机先生写有一篇长篇解说文字——《神龙出世六千年》。在长期的文物研究中，孙机先生对其中出现的诸多龙元素也曾做过细致阐释。

2024年恰逢农历甲辰龙年，我们将孙机先生论及龙的有关文章集为一册，题名《神龙出世六千年》，以飨读者。

——编者

目录

一、神龙出世六千年

中国被称作“东方巨龙”，不论居住在世界上哪个地区的中国人都被称作“龙的传人”，这是一个约定俗成、已得到广泛认同的观念，因为龙和中国人的关系实在太密切了。苏秉琦先生于《华人·中国人·龙的传人》一书中，从考古学的角度对此作了阐述。在现代中国，带“龙”字的地名，像龙门、龙口、龙岩、龙华、九龙、后龙等，粗略统计已不下500个；如果将古今带“龙”字的人名加在一起，更是个天文数字。明末来华的传教士将“龙”译为外文时，套用了西方的Dragon一词，其实二者毫不相干，这是在两种全然不同的神话和历史背景下形成的产物。喷火的Dragon代表邪恶，而出没于云霭间的龙代表吉祥。用Dragon顶替中国的龙（Loong），可谓牛头不对马嘴。

但是，什么是龙？宋人程颐在《伊川语录》中说：“龙只是兽，茅山华阳洞常有之。”太轻描淡写了，不知道这位理学大师何所据而云然，因为伊川先生尊崇的先师、儒家学派的创始人孔子并不是这样讲的。《庄子·天运篇》称，孔子见老子之后，情绪不能平静，三天不开口说话。弟子问：“夫子见老聃，亦将何规哉？”孔子曰：“吾乃今于是乎见龙。龙，合而成体，散而成章，乘云气而养乎阴阳。”用以比拟老子的龙在这里已被推上超凡脱俗、变化无常，“本合而成妙体，妙体窈冥。迹散而起文章，文章焕烂”①，神奇到莫测高深的地步了。这是中国古文献中对龙最早的描述，但太玄妙，难以捉摸。稍后，在《管子·水地篇》中出现了另一种说法：“龙生于水，被五色而游，故神。欲小则化如蚕蠋，欲大则藏于天下，欲上则凌于云气，欲下则入于深泉。”这些话虽然也说得很神，但却引进了一些量的概念，比《庄子》中的说法稍稍具体。可是神龙原非池中物，岂能受量的束缚。于是刘向在《说苑·辨物篇》中遂先之以突破，继之以发挥："神龙能为高，能为下，能为大，能为小，能为幽，能为明，能为短，能为长。昭乎其高也，渊乎其下也，薄乎天光，高乎其著也。一有一亡，勿微哉，斐然成章。虚无则精以知，动作则灵以化。于戏，允哉！君子辟神也。"这段话后来被许慎压缩在我国第一部字典《说文解字》里，成了龙的经典性的定义。《龙部》："龙，鳞虫之长，能幽能明，能细能巨，能短能长。春分而登天，秋分而潜渊。"其实仍让读者找不到感觉，因为它只着眼于行为，忽略了形象；而历史上的龙，首先是存在于它的艺术形象之中。

后来，宋·罗愿《尔雅翼》卷二八引王符曰："龙，其形有九似：头似驼，角似鹿，眼似兔，耳似牛，项似蛇，腹似蜃，鳞似鲤，爪似鹰，掌似虎是也。"此前，孔子、庄子、管子、刘向以及许慎提到龙，都是绕着弯子避开具体问题，高谈阔论，决海吞江，神乎其神，玄而又玄。王符用"九似说"把它坐实了，却又走上另一极端，这种用驼、鹿、兔、牛等动物的器官组合成的龙，也太僵硬板滞了，简直是拼凑起来的一堆积木，灵异的禀赋几乎无存。不过纵然不依从九似说，龙的形象也总应有所本。但其所本为何，古今各家的说法却分歧很大。王东

《中国龙的新发现》一书中列举出蟒蛇、扬子鳄、湾鳄、大蜥蜴、鱼、鲵、马、牛、猪、鹿、羊、狗、虎、鹰、恐龙、云、闪电、黄河、星象诸说[2]。此外，这本书中未提到的还有极光、龙卷风、雷声、虹、河马以及松树等[3]，可谓众说纷纭，莫衷一是。看来为解决这个问题，有必要先对原始的龙的形象加以界定，否则茫茫大千，各种动植物和无生物都被拿来与龙相比附，头绪日繁，治丝益棼，势将无法得出结论。其实，它本有现成的客观标准，最直截了当的鉴别方法就是以我国早期的象形字——如甲骨文中的龙字（，后下：6:14）为据。这个字的特点是前有大头，后部为几乎卷曲成环形的短躯，可以说，凡与之相同或相近的形象即龙。在甲骨文之后，“龙”固然还在不断地发展演变，但已有轨迹可寻。而在甲骨文出现之前，有些原始艺术品中的动物形象与后世之三停九似、充分夸张的龙形或有某些约略接近之处，但和上述象形的龙字差别很大，至少商代人并不承认它们是龙。当时在语言中对其如何称呼，是否叫作龙？如若找不到真正能站得住脚的文献支持，诚难以回答。比如内蒙古赤峰敖汉旗兴隆洼赵宝沟文化的房址中所出陶尊上的猪首蛇身形动物（图1–1）、陕西宝鸡北首岭所出仰韶陶壶上的鲵形动物（图1–2）、河南濮阳西水坡45号仰韶大墓所

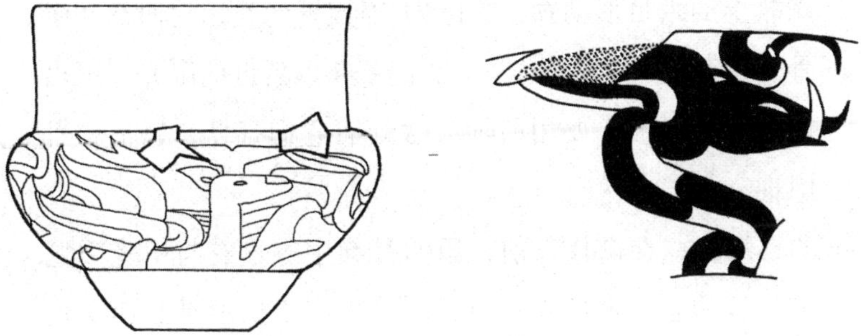

图 1-1　内蒙古赤峰兴隆洼出土陶尊上的猪首蛇身动物

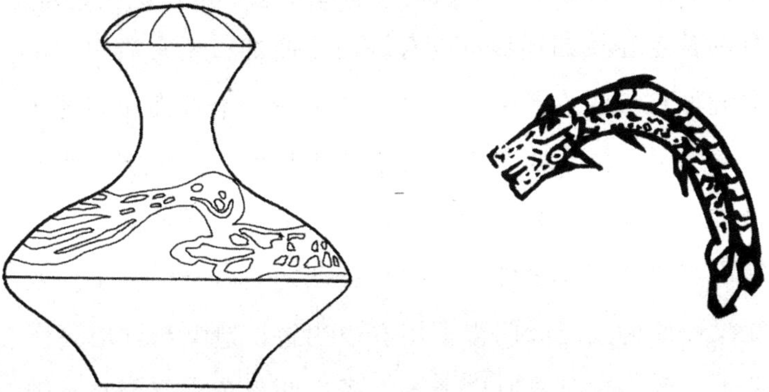

图 1-2　陕西宝鸡北首岭出土陶壶上的鲵形动物

出蚌砌鳄形动物（图1–3）与甘肃武山傅家门所出马家窑陶瓶上的六足形动物（图1–4）等均属此类，它们都和甲骨文龙字所示之形不侔④。倘使不杂以后世的眼光，不出以概然的判断，要用科学方法证明它们是龙，恐怕相当困难。

那么，在商代以前，原始社会中有没有与甲骨文龙字相近的艺术形象呢？对此，首先应举出的是红山文化中的玉卷龙。在内蒙古赤峰巴林右旗羊场及那斯台、巴林左旗尖山子、敖汉旗大洼、翁牛特旗三星他拉及黄谷屯，河北围场下伙房、阳原姜家梁，辽宁建平牛河梁、富山，吉林农安左家山等地均曾出土⑤。国内外还藏有一批传世品。其显著的特点正和上述龙字一样，躯体卷曲：有的首尾连接如环形；也有缺而不断的；还有当中留出隙缝如玦形的（图1–5）。其前端都有一个被强化和神化了的大头，由于并非用写实手法表现的，很难辨识是何物种；过去曾认为是猪头，显然太离谱。此类玉卷龙在红山文化分布区之外、于濒临长江的安徽含山凌家滩及江汉平原的湖北天门肖家屋脊也出过，造型与红山诸例基本一致。凌家滩所出者头上还有两只角，背上有通到尾部的鳍，显得更有灵气（图1–6）⑥。再往后，在河南安阳商代妇好墓等处仍出这类玉卷龙（图1–7）⑦。它的

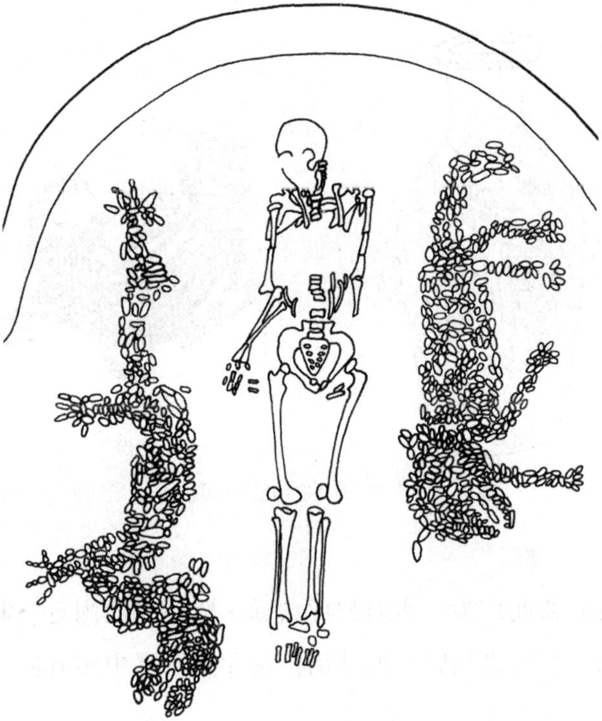

图 1–3:1　河南濮阳西水坡仰韶大墓墓主身侧之蚌壳砌出的两个动物

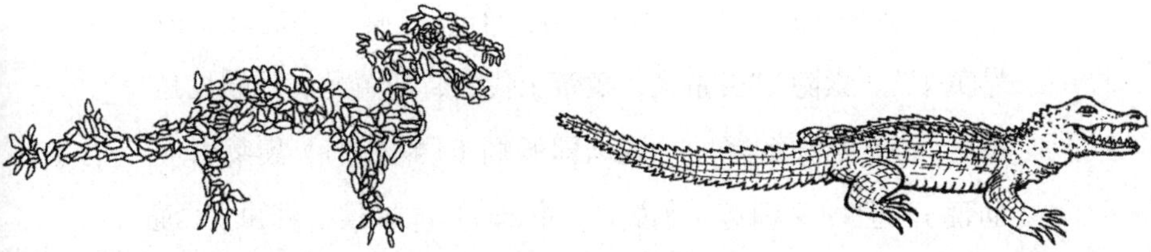

图 1–3:2　西水坡大墓墓主左侧砌出的动物疑似鳄鱼（仿刘洪杰、李文翎）

图 1–4　甘肃武山傅家门出土陶瓶上的六足动物

传播面如此广袤，历时如此久远，造型如此固定，似乎不能没有与之相联系的神话传说和自然界中实有的生物作为其立意和造型的基础。

求之古文献，则远在中华古史中的黄帝时代，就出现了和卷龙相关的记述。《史记·封禅书》：“黄帝得土德，黄龙、地螾见。”《五帝本纪》说，轩辕“有土德之瑞，故号黄帝”。索隐：“炎帝火，黄帝土代之，即黄龙、地螾见是也。”螾有两种解释。一说螾即蚯蚓（《封禅书》集解引应劭说）。但螾又训螼（《说文·虫部》）。《尔雅·释虫》“螼蚓”，郭璞注：“即蛩蟺也。”《文选·琴赋》张铣注：“蛩蟺，

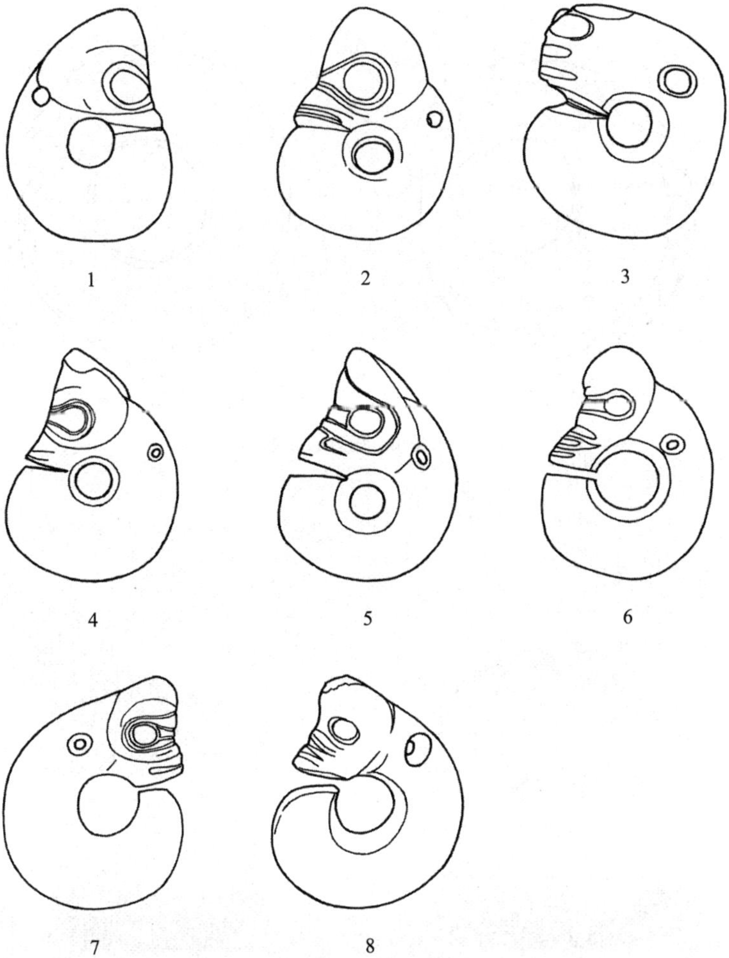

图 1–5 红山玉龙

1. 敖汉旗干饭营子出土 2. 河北围场下伙房出土 3. 吉林农安出土
4. 巴林右旗羊场出土 5. 辽宁建平牛河梁出土 6. 巴林左旗尖山子出土
7. 巴林右旗那斯台出土 8. 辽西地区征集品

安徽含山凌家滩出土

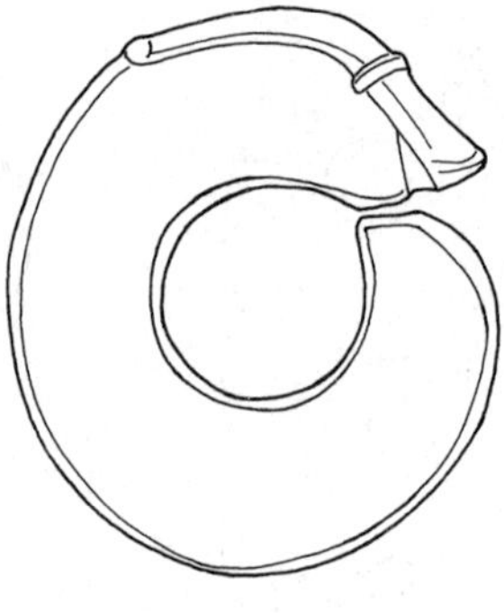

湖北天门肖家屋脊出土

图 1–6 南方的玉龙

安阳妇好墓出土

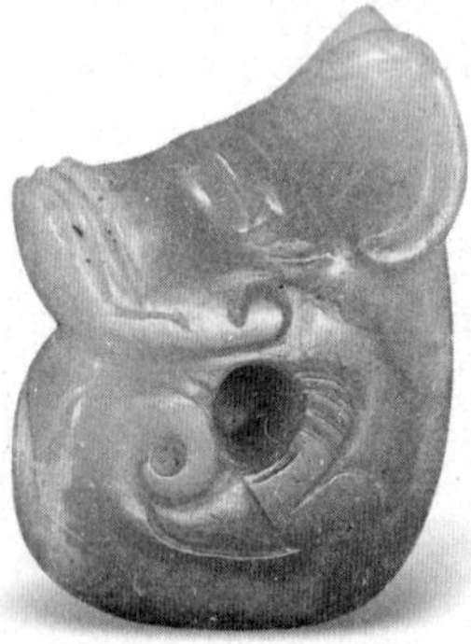

安阳孝民屯南 701 号墓出土

图 1–7 商代玉龙

盘旋貌。”《说文·虫部》也说：“蟺，宛蟺也。”段玉裁注：“宛，转卧也，引申为凡宛曲之称。”则螾又指躯体盘旋卷曲之虫。这样，它和《封禅书》里说的“黄龙”就互相靠近了。因为《说文·虫部》说：“螭，若龙而黄，北方谓之地蝼。”蝼也是黄帝时期的祥瑞。《吕氏春秋·应同篇》：“凡帝王之将兴也，天必先见祥乎下民。黄帝之时，天先见大螾、大蝼。”《封禅书》所记者，与之似同出一源。其大螾相当地螾，大蝼则相当于“若龙而黄”的黄龙即地蝼。由于它是上天见示之祥，故又不妨称作“天蝼”。《尔雅·释虫》和《大戴礼记·夏小正》都说榖即天蝼。《方言》卷一一，蠀螬“或谓之蝖榖……或谓之天蝼”。又说明天蝼即蠀螬。资、齐皆为脂部从母字，标声时可相通假，古文献中不乏例证[⑧]，故蠀螬亦作蛴螬。古代将多种类似甲虫的昆虫之幼虫都叫蛴螬，但主要指金龟子的幼虫，它生活在土壤中。因而从生活习性上说可以叫地蝼；从神话的角度说，又可称之为天蝼。金龟子的蛴螬卷曲如环，头尾几乎碰到一起。豆象的幼虫也叫蛴螬，却只弯成大半个圆弧形（图1-8）。二者均堪称宛蟺，也正和红山玉卷龙的造型相合[⑨]。

远古之人为什么重视这种昆虫？可能是着眼于其从幼虫到成虫的变化过程。《论衡·无形篇》：“蛴螬化为

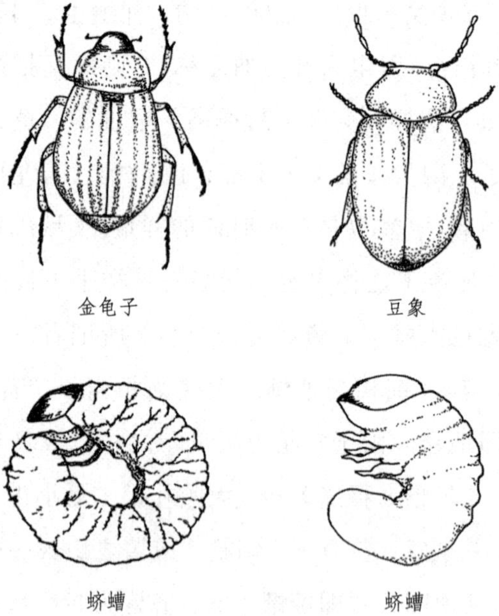

图 1-8 两种甲虫
（上：成虫 下：幼虫）

复育，复育转而为蝉。”蝉的幼虫亦名蛴螬；虽然蝉与金龟子不同，但它们之成长蜕变的生理机制类似。而且螾字本身就含有生长运动的用意。《淮南子·天文》：“斗指寅，则万物螾。”高诱注：“螾，动生貌。”《史记·律书》：“寅，言万物始生，螾然也。”而《管子·水地篇》说，龙“欲小则化如蚕蠋，欲大则藏于天下”，更极尽螾动之能事。这里的蚕亦指蛴螬，因为它亦名“地蚕”。蠋则是与之相近的蝤蛴，即天牛的幼虫[10]。《史记·五帝本纪》索隐又说：“螾，土精，大五六围，长十余丈。”是极言其大。不过这和说小如蚕蠋或蛴螬并不矛盾，因为龙“能为大，能为小”；螾动变化，了无拘束，正是它的特性。马王堆3号汉墓所出帛书《易传·易之义》中就说龙有“七十变”。则上述两种形态均不失龙的本色。远古之人贴近自然，他们对蛴螬的观感，跟今天大不相同。《诗·卫风·硕人》：“领如蝤蛴。”孔颖达疏引孙炎曰：“蛴螬……关东谓之蝤蛴。”用这种冰凉的白虫子比拟美人的颈部，现代女性恐断难接受。可那时却会附会上若干神话成分，使得它非比寻常。只是这些传说的大部分细节已然湮灭，今天已无法将关于蛴螬的神话勾画完整。然而通过红山文化的玉卷龙，却使人认识到地螾、地蝼等反映出的正是龙之“能短”、“能小”的一面，故可作为土德之瑞的代表。

商代玉器之动物造型，曾自新石器时代不同的古文化中汲取营养，如蝉纹和凤纹得自石家河文化，鹰纹中含有山东龙山文化的成分，龙纹则以红山文化的玉卷龙为祖型。在商周之际，红山玉器是著名的宝物。《尚书·顾命》记康王践阼时，堂上东、西序所陈之物中有大玉、夷玉、越玉。马融说夷玉是“东夷之美玉”。《尔雅·释器》:“东方之美者，有医无闾之珣、玗、琪焉。”医无闾山在辽河西岸，山名自上古沿用至今。《周礼·夏官·职方氏》:“东北曰幽州，其山镇曰医无闾。”郑玄注:“镇，名山安地德者也。”而据《尔雅·释地》郭璞注，幽州的范围“自易水至北狄”，则自今河北中部直到东北，都要仰仗医无闾山来“安地德”。《尔雅》所称“东方”，应泛指这一地区。医无闾山以产玉著称。《楚辞·远游》:“夕始临乎微闾。”王逸注:“东方玉山也。”红山文化诸遗址正分布在医无闾山周边。玉器专家邓淑苹认为大玉、夷玉、越玉可看作代表华夏、东夷、苗蛮三大氏族集团的古玉三大分系[11]。所以《尚书》中称道的夷玉似即红山玉器。先秦时它一直受到宝爱，陕西韩城梁带村26号春秋墓中仍出土红山文化的玉卷龙，可以为例[12]。

龙最先出现于夷玉，而为中原的华夏族所接受。但是，是什么原因促使先民创造这种形象的呢？一种回答是：它是图腾标志。图腾一词来自美洲印第安奥吉布瓦方言。每个印第安氏族都有自己的图腾，大部分为动物，氏族成员认为自己和图腾动物有共同的祖先，甚至把图腾动物就看作自己的祖先，并且此图腾动物的形象也就成了本氏族的徽识。在印第安氏族的遗物中，图腾徽识占有显著地位。但图腾制并非世界各族在原始社会时必须遵循的制度，我国古代主要是祖先崇拜和萨满崇拜，自考古发掘中看不到图腾崇拜的迹象。我国已发掘的新石器时代古墓葬不下十多万座，但在出土物中却找不出哪怕是一个氏族的成员所共同拥有的图腾徽识。解释龙的形象的形成，有人又提出所谓“图腾兼并说”或“综合图腾说”，认为龙系由多种图腾结合而成。但两个不同氏族的男女缔结婚姻，并不会导致图腾的结合。如果两个氏族发生战争，胜利者也不会把失败者的图腾兼并过来。鉴于图腾的排他性，这种兼并乃至融合在印第安人那里都不曾发生，更不要说在中国了。古代中国各族虽然也有自己的关于始祖诞生的神话，但这和笼罩全社会的制度性的图腾崇拜有本质上的区别。

实际上龙是一种代表升腾变化的吉祥物。作为吉祥物，它可以如九似说所称，将众美萃于一身。作为吉祥物，它不仅不只是属于某一氏族的，而是泱泱中华亿万公众和诸多民族所共同拥有的。它既有弹性又有韧性。翻开龙的历史，其造型之多变令人目为之眩，千种姿态，万般风流：既可作成威严凝重的庞然大物之形，又可变为蜷曲蟠结的小巧玲珑之状。把它装饰在任何器物之上，充填于任何图形之中，均可契合无间，挥洒自如。它既可以精细加工，银鳞金甲，耀日生辉；也可以在水墨画中变成艺术家的笔下逸气，纸上云烟。总之，作为吉祥物，就没有任何禁忌，不设任何樊篱。但这并不是说龙没有神性，商代甲骨卜辞中出现的龙字，虽然好多都是当人名、地名用的，但也有表明龙具有神性的记事，如“其作龙于凡田，有雨”（合集29990）。可见作龙就有雨。又如“壬寅卜，宾贞，若兹不雨，帝隹兹邑龙不若”。王固曰：“帝隹兹邑龙不若”（遗珠620）。龙意不若（顺）就不下雨。均显示出龙是司行雨的神。既然是神，则须有灵异之处，而对龙的形象不断进行艺术加工，就是使之日益神化的手段。

必须指出的是，只有卷体状才是真正的原始龙纹。红山文化流行期比商代早几千年，可是商代玉龙的基本轮廓仍奉红山玉卷龙为圭臬，说明它是一种为公认的神话所支持、世代流传、相沿不替的定型的图案。这种观念一直延续到周代。《左传·昭公二十九年》记蔡墨说：“其《夬》䷪曰：‘亢龙有悔。’”亢龙是不吉之占。闻一多在《周易义证类纂》中释亢龙为直龙，谓龙欲曲不欲直。《史记·天官书》：“东宫卷龙……不欲直，直则天王失计。”李镜池在《周易通义》中也说：“曲龙吉，直龙凶。

曲龙是正常的，直龙则反常。”曲龙就是卷曲的龙，即卷龙。据《周礼·春官·司服》：“享先王则衮冕。”郑玄注引司农曰：“衮，卷龙衣也。”《礼记·玉藻》：“龙卷以祭。”郑玄注：“龙卷，画龙于衣。字或作衮。”孔颖达疏：“卷谓卷曲。画此龙形卷曲于衣，以祭宗庙。”可见在极其隆重的礼服——衮冕服上，周人画的也是卷龙。不过在对龙的形象进行艺术加工的过程中，其体型变得日益生动。龙的尾部虽多向内卷，但也有外翻的。商代之同一类型的玉龙中，尾部内卷、外翻者并存，铜器纹饰中也是如此（图1–9）。如将它们区别为两个物种，是没有说服力的。从字形上看，甲骨文宠字可作（合集7358）、作（续5.34.5），亦可作（乙7143），其所从之龙字的尾部既可内卷亦可外翻，甚至外翻后再内卷，所以不能依据尾巴摆动的姿势把它们释为不同的字[13]。商周之际的子龙诸器中，子龙觚与子龙爵铭文中之龙字的尾部内卷，子龙鼎铭文中之龙字的尾部则外翻，亦可作为二形相通之证（图1–10）[14]。唐兰先生认为，只有“虬曲而尾向外”的才是龙字；“蟠结而尾向内”的，则被认为“其形迥异”[15]。可是若干相当明确的商代龙纹，其尾部皆内卷，难道能因此而认为它们不是龙吗？何况尾部内向的卷龙到了西周、东周乃至西汉仍然常见，如依尾式将它们悉

三联甗，妇好墓出土

铜戈（内部），妇好墓出土

铜钺，陕西城固五郎庙出土

铜胄，安阳侯家庄西北冈 1004 号墓出土

图 1–9 商代之尾部外翻（左侧图）和内卷（右侧图）的龙

子龙鼎

子龙壶

子龙觚

子龙爵

图 1–10 子龙诸器的铭文

数否定，是讲不通的。更有学者将字释𠁁，将红山文化遗物以至妇好墓中出土的玉龙皆改定为玉𠁁。其实甲骨文𠁁字作（合集31084），从𠁁的赢字在金文中作（庚赢卣），所象之形均强调其背上之奇特的戟刺状物，自

别有所指；故、两字不能混为一谈[16]。而且先秦时有关龙的神话连篇累牍，却未曾见过肁是何种神物的记述，更表明肁无法攘龙的地位而代之。

红山玉卷龙并不像蛇。到了夏代，在山西襄汾陶寺3072号墓出土的陶盘上却绘出口吐长舌、身上画满鳞甲的接近蛇形的卷龙，从而与螾、蝼等昆虫逐渐拉开了距离（图1–11）[17]。而且商代的这类龙形上的鳞纹，有的又发展了陶寺龙鳞之葺瓦式的构图。如安阳小屯村北18号商墓及妇好墓出土的铜盘，所饰龙纹在龙身上排列套叠的菱形，显得锋棱峭峻，更像大蛇的鳞甲[18]。《韩非子·说难》中曾提到“夫龙之为虫也”如何如何，此虫

图 1–11　陶盘，襄汾陶寺出土

字读huī，正字作虺，指一种蛇。在《说文》中，它和读chóng的蟲，不仅是两个不同的字，而且是两个不同的部首。《虫部》称："虫，一名蝮。博三寸，首大如擘指。象其卧形。物之微细：或行、或飞，或毛、或蠃，或介、或鳞，以虫为象。"但古书经历代翻刻，有时会将虫、蟲互讹。《左传·昭公二十九年》："魏献子问于蔡墨曰：'吾闻之，蟲莫知（智）于龙。'"此蟲字实应作虫。可见这时已将龙视若蛇类，即所谓："鳞虫之长。"上述夏、商之龙，有的已进入这个范畴。

多数红山玉龙没有明确的角，凌家滩玉龙和陶寺陶盘上的龙纹却有角。有些商代的龙更将这一部分强化，出现了瓶形角。甲骨文中的龙字或作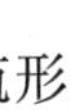（京4889），对之亦有所反映。此字亦作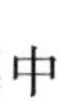（乙5409），瓶形角简化为形；周代金文中的龙字作（龙母尊）者与之相近。后来小篆中的龙字作，即由此发展而来。添上角的龙字当然要比无角的原始龙字出现得晚。除了瓶形角，商代的龙角还有作螺形的。殷墟西北冈1005号墓中曾出土两件铜中柱旋龙盂，围绕中柱的四条龙，两条为瓶形角，另两条为螺形角。林巳奈夫还举出一件收藏在国外的晚商铜鼎盖，其上饰两龙头相对，一龙为瓶形角，另一龙为螺形角（图1-12）⑲。两种角型不同的龙以对比的方式出现，

饰对龙首的鼎盖

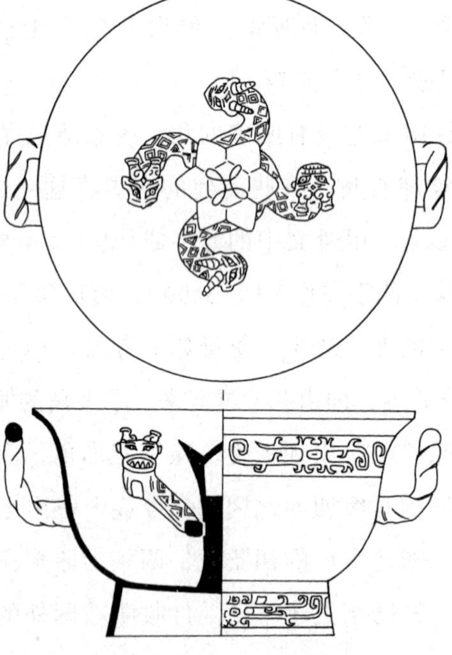

中柱旋龙盂，安阳侯家庄出土

图 1-12 商代的瓶角龙和螺角龙

其中肯定包含某种用意。《汉书·司马相如传》:“蛟龙赤螭。”颜师古注引张揖曰:“赤螭,雌龙也。”既言雌龙,则可推知汉代人认为龙分雄雌。再向前追溯,在西周器物上,螺角龙罕有充当纹饰之主题的;它们大多用作铜匜之耳。相形之下,瓶角龙却往往被安排在显著的位置上。那么,是否可以作这样的推测:即瓶角龙为雄龙,螺角龙为雌龙呢?虽然目前尚无确证,不能断定。此外,商龙的足也逐渐成形。红山玉龙无足。商代玉龙有的在腹下有轮廓不甚明晰、几乎是象征性的足状物,从中还能看到其祖型蛴螬的三对伪足的影子。商代铜器上的龙纹则大多有二前足。1973年在安阳小屯宫殿区附近采集到一件石磬,其上之龙纹类蛇,但有瓶形角,有生利齿的巨口,龙身有鳞甲,背上有一条脊棱,还有明确的、带五爪的前后足(图1-13)[20]。后世之龙的基本特征,

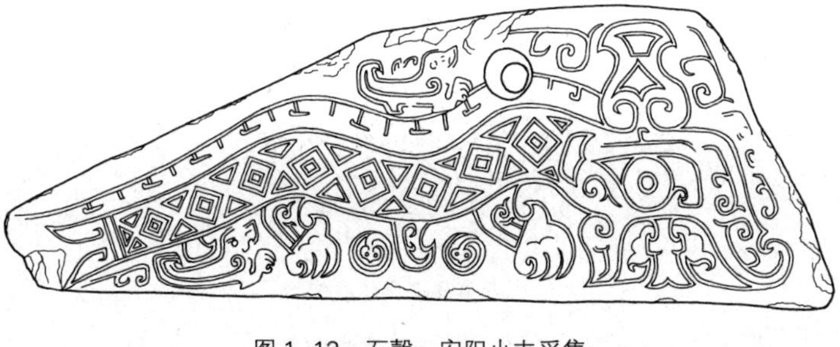

图 1-13　石磬,安阳小屯采集

到这时初步齐备。

西周龙多继承商代的传统式样（图1–14）[21]。但引人注意的是，西周早期还出现了一种别具一格的西周式涡卷龙纹，比如天亡簋的器腹和方座上就饰以此种龙纹。这件铜器是武王克商后回到周都，大会诸侯、告天告庙、

玉龙，陕西长安张家坡出土

玉龙，陕西宝鸡竹园沟出土

父乙簋器底所铸纹饰

图 1–14　西周的卷龙纹

庆祝胜利之际，一位有功之臣所铸，它的铭文不像一般的套话，称为祭祀其祖考而作器，却强调“敏扬王休于尊簋”，也就是说铸簋是为了颂扬武王的勋业。像这样一件铭功之器，其造型显然是经过精心设计的。它的主题花纹采用新式的涡卷龙纹，应该被看作既是对传统的尊重，又是周人自身之艺术特点的表现。商代铜器上从未见过这种纹样，而西周早期却早有一批饰此种西周特有的龙纹的器物。除天亡簋外，甘肃灵台白草坡出土的簋、陕西泾阳高家堡出土的簋和卣、四川彭州竹瓦街出土的罍，以及美国哈佛大学福格美术馆所藏叔德簋等均是其例（图1–15）[22]。这种纹样或被称作“蜗身兽纹”。其实其涡卷的身躯并不代表“蜗牛壳”，而是商代的卷龙纹被周人改造了的结果。

涡卷龙纹只在西周早期兴盛了一阵子，以后便隐而不彰。到了西周中期，如上海博物馆所藏㠱仲壶上的纹饰，就变得只有涡卷而失去龙首了（图1–16）[23]。东周的龙纹有时很率意，有时却很张扬。如河南新郑出土的莲鹤方壶、安徽寿县出土的蔡侯方壶，以及河南淅川出土之铜方壶的大龙耳上，龙角都装饰得很繁复，莫可名状（图1–17）[24]。这类造型到底是基于神话上的要求，还是出于艺术上的考虑，尚难以遽断。不过也有以简峭的手

天亡簋，陕西岐山出土

铜罍，四川彭州竹瓦街出土

铜簋，甘肃灵台白草坡出土

铜罍，辽宁喀左北洞沟出土

图 1–15　西周式涡卷龙纹

图 1-16 西周恭王时的曩仲壶

法出奇制胜的，河北平山出土的中山王礨方壶器身四角所铸之龙，头顶上伸出带尖的、光素的大弯角，高昂倨傲，气势不凡（图1-18）。而类似的弯角龙又见于湖北随州曾侯乙墓出土的楚王酓章所赠之铜镈的钮上[25]。楚国与中山国地处南北，相距遥远，这一造型却彼此肖似，说明当时列国间的铜器具有时代共性。

中山王礨方壶上的龙有翼，酓章镈钮上的龙也有小翼。艺术史家多半把我国古文物中出现的有翼兽当作东西方文化交流的例证，对它相当重视。其实早在中山王礨方壶之前，我国已有这种造型。已知之较早的一例为春秋

1. 莲鹤方壶，春秋中期，河南新郑出土

2. 蔡侯方壶，春秋晚期，安徽寿县出土

3. 铜方壶，春秋晚期，河南淅川出土

图 1–17　方壶龙耳上所见装饰繁复的龙角

中山王嚳方壶，战国中期，河北平山出土

图 1–18 弯曲光素的尖龙角

时期的𬶍镈，其镈钮作双翼龙噬翼兽形（图1–19:1）[26]。镈为齐器，作器者𪑁（鲍）𬶍就是留下“管鲍之交”的佳话的鲍叔之孙。当时齐、鲁是中国文化的中心。齐地近海，多“海上方士”，其言词夸诞，翼兽的神话可能是他们想象出来的。然而有些研究者一看到中国古代的有翼兽，立即指之为从西方、具体说就是从西亚传来的[27]。但无论在美索不达米亚或伊朗，早期有翼神兽的翼都出自肩部，因为鸟类翼内之肱骨是和肩关节相衔接的（图1–20）。而中国古代的有翼神兽，其羽翼的安排却并不完全

1. 黝镈，春秋中期，山西万荣出土

2. 鄬子倗簋，春秋晚期，河南淅川出土

图 1–19　中国早期的翼龙

遵循鸟类的生理特点。黝镈钮之龙的翼位于肩部，而被它吞噬之兽的翼位于腰下。淅川出土的春秋晚期之鄬子倗簋的龙形耳上的翼径置于腹部（图1–19:2）㉘。山西侯马所出春秋中期至战国早期之陶模和陶范上的翼龙，翼的位置更奇特：一块钟钮范上的龙翼是反方向倒置的，一块陶模上的龙于肩、尻、腰间各有一翼，一块壶耳范上的龙纹多处生翼（图1–21）㉙。这类形象在西方从未见过。同时中国古翼龙和翼兽身上也没有西方那种自肩部一直延伸到尾部的大翅膀。西方古翼兽可以凭翅膀起飞；而中国古龙腾

美索不达米亚，阿卡德时代，前 24~前 22 世纪

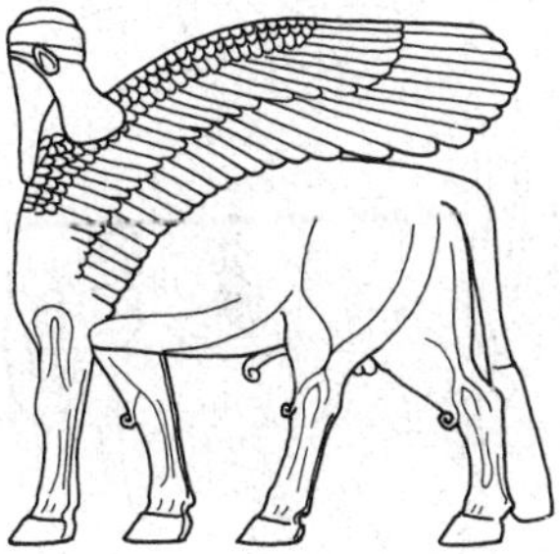

美索不达米亚，新亚述帝国时代，前 9 世纪

叙利亚，阿拉姆时代，前 8~前 7 世纪

乌克兰，斯基泰文化，前 4 世纪

图 1–20 西方的有翼神兽

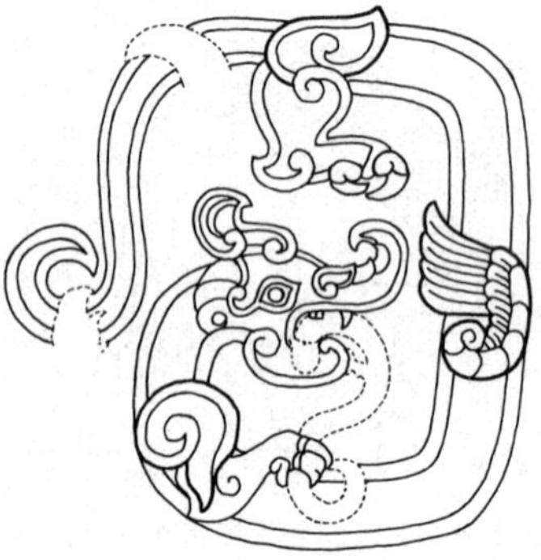

陶模（Ⅱ T81H126:47）

陶钟钮范（Ⅱ T13 ⑤:6）

陶壶耳范（Ⅱ T31F13:9）

图 1–21　侯马出土陶模、范上所见翼龙

云驾雾，凌虚御风，其遨游四海并不靠或至少不全靠翅膀的扑打扇动。双方的分歧关系到彼此大相径庭的神话背景、设计意匠和审美情趣。中国古龙之翼与其说是功能性的，倒不如看作是艺术上的加意夸张；膊上添翼与颊上增毫一样，都是作者的神来之笔。所以东西方的翼龙、翼兽之间找不到造型上的真正交会点，所谓的传播关系难以成立。后来斯基泰艺术中虽然在神兽肘部出现小翼，但这类制品要到前4至前3世纪才传入我国；而黝镈为前7世纪之物，年代要早得多。之后翼龙历秦汉、六朝均不乏其例，唐、宋时较少见，至明代它再以“飞鱼”的名称出现时，用意就有所不同了。

秦代之带龙纹的文物较少，只在陕西咸阳秦代建筑遗址中出土过龙纹空心砖。龙体修长，嘴短，头方，足细，还没有表现出新的特点。这类龙纹到西汉时才逐渐成熟，虽然其基本构图与秦代差别不大，但各个局部都被强化了，整个体形也被调整了，形成神完气足、既不抽象又不造作的龙。

西汉时，也发现过比较传统的卷龙玉饰，尽管其造型在继承中又有变化（图1–22）[30]，但毕竟代移时迁，引领潮流的是新的创意。这时新出的龙可以分成两大类：一类的躯干仍像大蛇，另一类则像猛兽。汉瓦当上恰恰

江苏仪征刘集镇出土

安徽巢湖放王岗出土

安徽天长三角圩出土

图 1–22　西汉玉卷龙

饰有这两类龙纹（图1–23）。之后，卷龙纹逐渐淡出人们的视野。而且这时的蛇体龙还将兽体龙的足移植过来，于是它的足不再类似蜥蜴，变成了强健的四肢。但长长的身躯仍不太容易处理，如果首尾缺乏呼应，气势将不能贯通，生动的效果就没有了。所以对龙体上下打弯处的弧线很注意，因为拱屈而行时，打弯的部位是发力之

蛇体龙

兽体龙

图 1–23　汉代的两种龙纹瓦当

处，四足也正好安排在这里。以西汉的蛇体龙为例：它们的头部挺立，胸下之足着地，背部拱起，胯下之足再着地，尾部或卷绕，或旋摆，或甩出，整体像横置的“弓”字形。而头部则被着意刻画，其吻长，鼻部略上卷，眼眶凸起，尖耳，有髯，有角。汉代的龙一般都有角。《汉书·东方朔传》记有一个以蜥蜴为谜底的“射覆”，东方朔的答案暗指蜥蜴。他说：“臣以为龙又无角，谓之为蛇又有足。”可见在汉代人的观念中，龙必有角。而当龙的形象发育到这种规模以后，就要在龙体内注入生机，使之呈现出矫夭腾踔的气势。在这个过程中，汉代艺术家付出了极大的努力。

长沙马王堆1号汉墓约葬于文帝时，在这里能看到许多龙纹。如所出之著名的帛画，其上部为日、月，月下方有二龙[31]。此二龙的前后肢虽然画得也比较粗硕，但只在半空向左右松开，并无着力的支撑点，因此显得不够遒劲。再看此墓所出土的朱地彩绘漆棺左侧壁板上画的龙，也犯同样的毛病，有足而并不用力，形同虚脱。较马王堆汉墓的时代稍晚，在河南洛阳烧沟发掘的卜千秋墓，约葬于昭宣之世，属西汉中期。此墓壁画中的龙，前二足踩地，后二足却依然悬在空中（图1–24）[32]。时代再晚些，在河北定州三盘山122号西汉晚期墓中出土了一件连接车盖杠用的铜管箍，上面的纹饰分为四段，以金银嵌错出在云气中行进的各种鸟兽125个，并镶有圆形和菱形的绿松石，工艺精湛[33]。其中之蛇体龙纹的构图相当成熟（图1–25）。此后这类龙纹之四肢的安排就都比较得当了。

兽体龙也出现于西汉晚期，最先在镜背花纹中看到。西汉早、中期的镜子，除蟠螭镜、蟠虺镜等多以高度变形的动物纹为饰者外，其他如草叶纹镜、星云纹镜等多以几何图案为饰，日光镜、昭明镜等则以文字为饰。而在西汉晚期的四乳四兽镜中铸出的兽体龙纹，却使人耳目一新。它摆脱开那不容易处理的长长的蛇躯，使之变成一头生着已为时人熟悉的龙头的猛兽。尽管龙本是想象的动物，然而在这里它显得异常生动，身体各部分的

长沙马王堆汉墓帛画

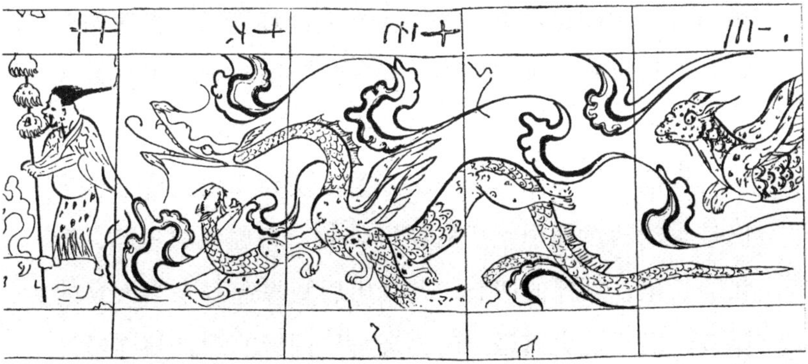

洛阳卜千秋墓壁画

图 1–24　西汉绘画中的龙

图 1-25　河北定州三盘山汉墓出土金银错车杠箍部分纹饰展开图

比例恰到好处，动作不仅自如，甚至可以称得上是活泼。稍晚的一件铜镜上有一个羽人豢龙的场面，那条龙俯首帖耳，简直有点稚态可掬的样子，以前种种不近情理的生硬造作之病，这时似一扫而空了（图1-26）。

将镜子上的龙单个挑出来看，还会发现这些形象不仅是生动活泼四个字所概括得了的，那倔强的颈部、粗壮的长尾、剽悍的四肢，尤其用后腿撑起身来半人立的姿势，岂不是史前恐龙的再现吗！铜镜的设计师当然没有见过恐龙，但艺术创作的颖悟性和生物进化的合理性

龙纹

规矩四神镜上的羽人豢龙

图 1-26　汉镜上的龙纹

碰撞在一起，竟然就是如此巧合，如此会心，如此似曾相识而各臻其妙！

这些龙身上都有翼，如前所述，它不仅与西方的有翼兽毫无关系，而且是汉代人所习用、夸张点说几乎是滥用的艺术手法。在瓦当、陶器、铜器、丝织品、画像石及壁画中，有翼之兽比比皆是。规矩四神镜和多乳禽兽带纹镜中的龙、虎、马、鹿、麒麟、辟邪无不有翼。连河北望都1号汉墓壁画中榜题“羊酒”处的待屠之羊、山东苍山前姚村所出汉画像石中被猎狗追赶的兔子、辽宁辽阳棒台子屯大墓壁画中颈系绳索的守门之犬，也都生有羽翼㉞。流风所及，三国时甚至在青瓷虎子上也有刻翼的。不过汉代人画翼并不像侯马陶范那样精雕细刻，往往只是简单的几根线条，是乘兴之作。有人根据《广雅》中“有鳞曰蛟龙，有翼曰应龙，有角曰虬龙”的说法，称它们为应龙，看来不必。因为《广雅》的分类有点侧重生理，而这种随处可见的翼似乎游走于神话和纯装饰之间，并不在意那些动物是否能真的飞起来。

虽然东汉二百年间，兽体龙蔚为大观，但蛇体龙并未退出历史舞台，特别如交龙穿璧之类体裁，仍然是蛇体龙的天下。总的说来，龙之“能幽能明，能细能巨，能短能长”的特质这时已被普遍接受。但兽体龙这样的庞然大物，总使人觉得它升腾时会有所不便，所以到了魏晋以后，蛇体龙更加得势。而且在当时学人的心目中，认为龙本该有很长的躯体。魏·缪袭《青龙赋》说：“观夫仙龙之为形也，盖鸿洞轮硕，丰盈修长。”晋·郭璞《烛龙赞》则说龙“身长千里，可谓至灵”[35]。在这种观念的支配下，兽体龙遂渐不得势，此后的龙躯基本上采用的都是“丰盈修长”的造型。

以兽体龙与蛇体龙相比，兽体龙的体型还能从现实当中找到若干参照物，相对来说尚易下笔。而蛇体龙则纯属想象，它们一般没有翼，生物界中不曾有生着蛇躯又有四足又会飞的动物。相反，无论生蛇躯或生四足，对飞翔来说都是赘尤。今天不是常说“龙的腾飞”吗！而中国艺术家从南北朝蛇体龙定于一尊的时候开始，就在艺术实践中为龙的腾飞作出努力了。就是要让龙带动它那长长的身躯，并且不靠翅膀的力量飞起来，就是要完成这样一个艺术形象，创造出这样一个接近神奇的艺术真实。

魏晋南北朝是产生大艺术家的时代，对龙的形象的处理往往很严肃、很认真，汉代人腕下那种写意的逸笔已很少出现。像甘肃高台地埂坡魏晋墓壁画中之端坐并擎起食品、带点幽默感的独角龙，仅仅偶一见之，几成绝响（图1–27）[36]。这时的龙多半是神龙，清峻超逸，一身傲骨。龙翼多呈飘动的火焰状，或称之为“肘鬃膊焰”（宋·曾极），只是对龙之体型的一种衬托，用以调节长身躯的单调感，同时增加运动的气势。与西方之有翼兽的造型相去已不可以道里计。龙角这时上端卷曲，下端增加结节，予以强化。龙腿却变细，小腿部分成为只包着鳞皮的鸟胫，更使它和兽体龙的造型判然两途。江苏丹阳胡桥南朝大墓中的拼镶砖画和洛阳上窑所出北魏画像石棺上的龙均可为代表[37]。但这时它们尚只能在地面横

图 1–27　甘肃高台地埂坡 4 号魏晋墓前室壁画

行，飞不起来。龙要不靠双翼而起飞，必须在蜷曲伸张、辗转翻腾之际将全身的能量集中迸发出来，四足又要在虚空中捕捉到那看不见的着力点。而其前提，就是要先会自由蟠曲；但不像有些交龙纹那样，纠结得像编丝带一般，几乎动弹不得。汉末三国六朝镜上的龙，有的就蟠曲得较随意。吉林集安五盔坟相当北朝时期的4号高句丽墓壁画中的蟠龙，离上面说的姿态更近（图1–28）[38]。这样的造型距起飞就不远了。

图 1–28　吉林集安五盔坟 4 号高句丽墓墓顶壁画

隋代留下了一批饰龙纹的重要艺术品，如河北赵县安济桥上的石栏板，是1952年修缮此桥时，从桥下洨河淤泥中掘出的隋代原物[39]。其中有一件浮雕二龙对穿岩穴，非常精彩（图1–29）。早在汉代，工艺品上的龙纹已有穿游于山峦、云气之间的构图，画面上修长的身躯虽被景物遮去一段，却仍是浑然的整体。新疆焉耆博格达沁古城址和平壤石岩里9号乐浪墓出土的汉代金带扣，其上都有在激流漩涡间穿游的龙纹，也隐去龙身的中段，与安济桥石栏板构图的意匠相同。但安济桥栏板上龙体

图 1–29　河北赵县隋安济桥石栏板（局部）

隐没的部分特别大，龙之头尾四肢等部分更加集中，更难处理也更有力度。此桥为隋大业间李春所建，是世界上第一座石构坦弧敞肩拱桥，至今仍巍然屹立。徘徊桥前，流连瞻眺，“李春留得典型在，高枕清江耀岁寒”，使人充满感喟。

一种相当普遍的印象是，龙是皇权的象征。从历史上看却不尽然。在它出现以后的漫长岁月里，并未尽数变成御用之物。龙纹在汉代器物上相当常见，可是许多在铭文中标明系某庙或某厨之皇家用的鼎，却大部分为素面，罕有饰龙纹的。直到汉末魏晋，如陈琳还说何进是“龙骧虎步，高下在心”;《世说新语》说嵇康是“龙章凤姿，天质自然”；都没有把他们比作皇帝的意思。虽然秦代曾有人称始皇为祖龙，汉代也曾称高祖为赤帝子，但这时帝王和龙的联系尚不固定，他们还未将这一全社会通用的吉祥物攫为己有。唐代人的看法则略有不同。如果把杜甫的诗作为了解民情的晴雨表，则他一再说:“高帝子孙尽隆准，龙种自与常人殊。”“云移雉尾开宫扇，日绕龙鳞识圣颜。”反映出皇帝和龙的联系在人们心目中已更加紧密。唐代饰龙纹的器物中，铜镜是很突出的一种。唐玄宗将他的生日八月五日定为千秋节，这一天皇帝赐群臣镜，王公以下亦献镜及承露囊。千秋节时颁赐和进奉之镜主要是带“千秋”铭文的盘龙镜。《太平广记》卷二三一引《异闻录》对此有所记述:“扬州进水心镜一面，纵横九寸，青莹耀日。背有盘龙，长三尺四寸五分，势如生动。玄宗览而异之……歌曰:‘盘龙，盘龙，隐于镜中。分野有象，变化无穷。兴云吐雾，行雨生风。上清仙子，来献圣聪。’”几乎将镜上之龙当成皇家的纹章了。这种铜镜在出土和传世文物中都能见到，绝大多数仅铸出一条龙。因为镜背的面积不大，外轮廓又是一个固定的框子，当中还要避让开镜钮，龙的活动范围很受限制。但在此小小空间之中，威猛的精气却在蓬勃喷涌；这里没有局促的挤压，没有矫情的安排。谈古镜的文字常称它为蟠龙，然而构图的走向却不是蟠曲，而是捕捉住纵身腾跃的瞬间。弓起的躯体和扭转的头部使画面上的线条充满弹性，极度开张的四肢表现出奋飞之势（图1–30）。再看通过整体的精雕细刻而展现出的富丽堂皇、健劲丰腴之美，更使它无愧于“天子镜”的称号。

尽管龙的形象此前已经定型，但唐龙之若干细节的处理仍具有创造性。这时龙口大张，与南北朝时龙口多半张半闭不同。龙角依隋代的式样分出小支杈，背鳍则从颈部一直延伸到尾部，这两种式样也是南北朝时罕见

图 1–30 唐蟠龙镜

的。而且龙胸后的密发、肘后的鬃毛、身上的细鳞、腹下的软甲，处理得也都比前代灵巧。或以为唐镜上的蟠龙纹彼此互相接近，有点公式化。其实不然，认真端详每件作品，会发现面貌各有不同，他们不是出自通用底本的依样葫芦。纵使不能说每件都有自己的个性，但至少都是经过分别设计、精细施工的，虽然它们之间存在着共同的时代风格。

除了盘龙镜以外，在江苏丹徒丁卯桥唐代窖藏中还出土了一件饰有龙纹的银筹筒，器壁刻铭："论语玉烛"（图1–31）[40]。"玉烛"即筹筒别名。花蕊夫人《宫词》："昭仪侍宴足精神，玉烛抽看记饮巡。倚赖识书为录事，

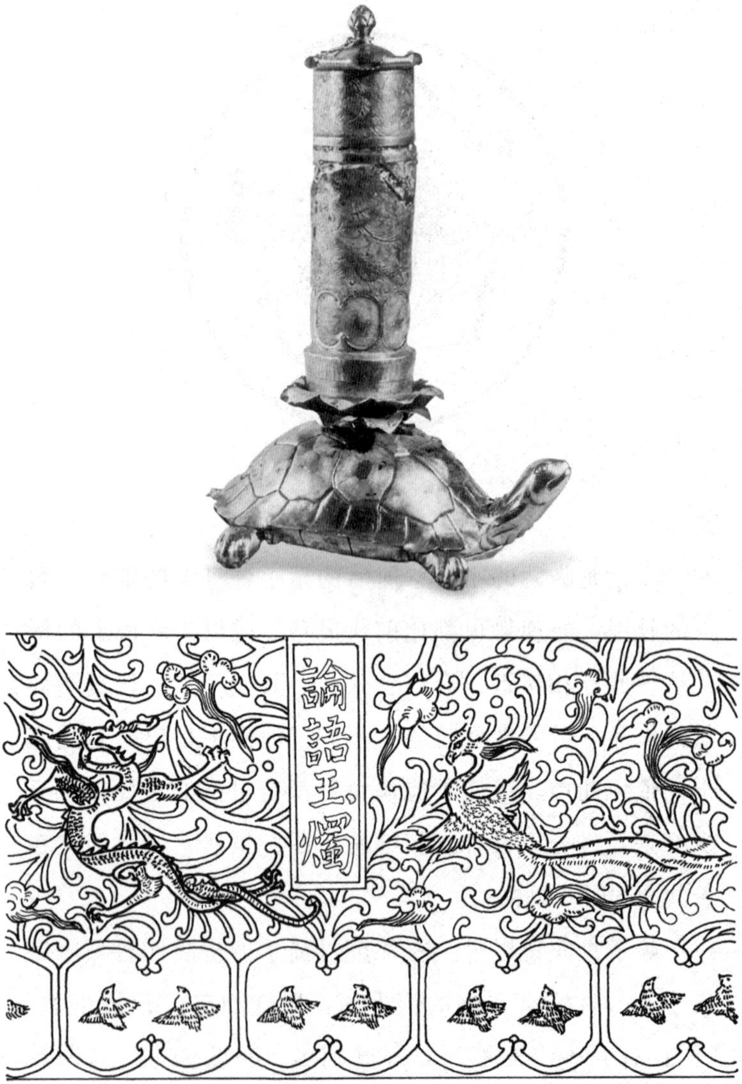

图 1–31 江苏丹徒丁卯桥出土唐“论语玉烛”银筹筒与所饰龙纹

灯前时复错瞒人。”唐人饮宴时巡酒行令，席上设录事司筹，依筹罚酒。这件玉烛中装有50支摘取《论语》文句刻制的酒令筹，故名。从探讨龙之造型演变的意义上说，玉烛刻纹的重要价值在于其上第一次出现了直立的升龙。这种意匠代表的是真正要起飞的姿势，日后它还要大放光彩。

唐代还从域外引进了一种近似龙形的摩羯纹。摩羯本是印度神话中的巨鱼，生有长鼻上卷的兽首。它通过佛教经典、印度与中亚的工艺品，以及天文学上黄道十二宫中的摩羯宫等渠道传入我国。在唐代器物的纹饰中，摩羯的兽首被改成龙头，又添上翅膀，俨然是一条中国式的鱼龙。内蒙古昭乌达盟喀喇沁旗哈达沟门出土的中唐银盘上的摩羯纹虽已华化，但距离印度原型还不太远，胸鳍并未变成翼，头上亦无角。丹徒丁卯桥所出晚唐银盆上的摩羯纹就不同了，它不仅有翼，且增独角。辽宋时这种纹样仍然流行，辽墓中多次发现金银摩羯耳坠，辽陈国公主墓出土摩羯玉佩，内蒙古宁城辽墓出土三彩摩羯壶。特别是广西南丹拉要屯出土的宋鎏金摩羯形银器，更为精美（图1–32）[41]。其双翼高耸，独角并分成三杈，很特殊。摩羯在我国虽然常被认为是鱼变成的龙，但它始终只有独角，大约表示下真龙一等吧。

伴随佛教还传来了印度的龙（那伽，Nága）和龙王（那

图 1–32　宋鎏金银摩羯，广西南丹拉要屯虎形山出土

伽罗亚，Nágarája）。但印度本无与中国之龙完全相当的概念，那伽指的是一种大蛇。那伽罗亚则是水神、海神和司行雨之神，其像作人形，但在头巾或伞盖上探出蛇头，甚至在头上盘蛇，以表明身份。龙王的神通广大，《大智度论》说："如大龙王，从大海出，起于大云，遍覆虚空，放大电光，明照天地，注大洪雨，润泽万物。"这倒和中国的龙相近。但印度龙种类繁多，既有拥护佛法的龙，也有毒龙、恶龙，佛典中有不少降龙的传说。《大唐西域记》称，桥赏弥国都城西南有"毒龙石窟"。《法苑珠林》称："西方有不可依山，甚寒，山中有池，毒龙居之。"连王维的诗中都有"薄暮空潭曲，安禅制毒龙"之句。刘禹锡的诗也说："独向昭潭制恶龙。"这是中国以前不曾有过的一种观念。后来在辽宁朝阳北塔地宫所出

辽代石函上就刻出了那咤追捕和修吉龙王（Vásnki）图（图1–33）[42]。那咤是四大天王中北方毗沙门天王之子，原名那咤俱伐罗（Nalakú-vara），简称那咤，明代人将其名改为哪吒。图中的那咤和龙王头侧分别有题名。那咤戴天王冠，着锁子甲，手托宝塔，端坐祥云之上，挥手令诸夜叉追击。作孽的龙王身已中箭，正在狼狈逃窜。在这里它只是一幅护法的图像，而在《封神演义》中，却根据此类素材编造出哪吒闹海故事，热闹非凡。不过石函所刻龙王为普通龙形，没有在形象上进一步加以处理，未能将在观念上把那个与西方的Dragon有共同之处的Vásnki和我国的龙彻底切割。将那些居心叵测、混淆Dragon与Loong的区别以乱视听、从而制造“赤龙论”的人的嘴早早堵住。

晚唐以降，龙的造型又增神韵。此前各类工艺品中之龙，概成于匠师之手，这时它还出现于文人笔下。《益州名画录》中列入“逸格”的孙位，在应天寺“画山石两堵，龙水两堵”。“龙拏水汹，千状万态，势欲飞动”。又在“能格”中说：“黄筌于石牛庙画龙一堵，黄居寀于诸葛庙画龙一堵，（孔）嵩于广福院画龙一堵，蜿蜒怪状，不与常同，逼视远观，势欲躍跃，时人异之。此三公画龙，宗师孙位。”除壁画外，画家也在屏风上画龙。

图 1–33　辽代石函刻纹“那咤追捕和修吉龙王图”，辽宁朝阳北塔地宫出土

《图画见闻志》中说：“任从一，京师人，仁宗朝为翰林待诏，工画龙水、海鱼，为时推赏。旧有金明池水心殿御座屏扆，画出水金龙，势力遒怪。”又说荀信：“工画龙水，真宗朝为翰林待诏。天禧中尝被旨画会灵观御座屏扆看水龙，妙绝一时，后移入禁中。”这些被目为“轩冕才贤，岩穴上士”之知识界的佼佼者投入画龙的活动中，无疑使龙形更曲尽妙趣。在此基础上，郭若虚对画龙的技法作出归纳：“画龙者析出三停，分成九似。穷游泳蜿蜒之妙，得回蟠升降之宜。仍要鬃鬣肘毛笔画壮快，直自肉中生出为佳也。”不过宋代画龙的名家真迹，泰半不传，今尚存世者只有陈容所绘之龙。

陈容号所翁，生活在南宋晚期。《图绘宝鉴》说他：

“善画龙，得变化之意。泼墨成云，噀水成雾。醉余大叫，脱巾濡墨，信手涂抹，然后以笔成之。或全体，或一臂一首，隐约而不可名状者，曾不经意而得，皆神妙。”《画继补遗》说他“善画水龙，得变化隐显之状”。他的画在北京故宫博物院、广东省博物馆、日本德川美术馆、美国波士顿美术馆、纳尔逊美术馆等处均有收藏。广东省博物馆所藏《墨龙图》，画面上的龙在浓云密雾中翻腾（图1–34）[43]。诚如萨都剌《题陈所翁墨龙》所云：“画龙天下称所翁，秃笔光射骊珠宫。长廊白日走云气，大厦六月生寒风。”张翥诗所云：“陈翁砚池藏霹雳，往往醉时翻水滴。便觉天瓢入手来，雨气模糊浑是墨。”他以水墨渲染，使云气弥散滃晕，恍若风劲雨骤，天垂海立；在这种气氛烘托下，

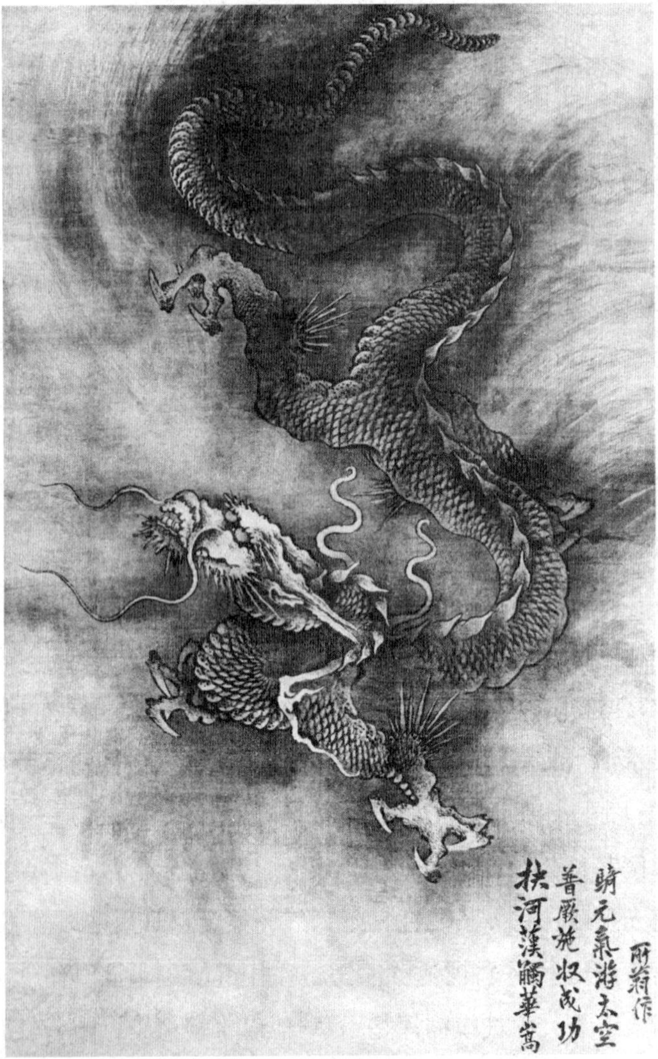

图 1–34 南宋·陈容《墨龙图》

怒龙光动鳞甲，足蹈雷霆，显得出神入化。后来明代的汪肇、清代的周珝，画龙均师法陈容而得其三昧。宋代工笔白描的龙也极精到，传李公麟笔《九歌图》可以为例。但宋代画龙的成就，尚未能随即扩散到工艺领域，宋瓷上的龙纹，多沿袭唐制。直到元代，瓷器上画的龙纹才使人耳目一新。

其实，元代对龙纹曾屡加限制，至元时甚至下令禁止“织造销金日月龙凤段匹纱罗”。但龙凤纹行世已久，势难禁断。《大元圣政国朝典章》载：大德元年三月十一日不花帖木儿奏：“街市卖的段子似上位的御用大龙，则少一个爪儿，四个爪儿的着卖，有奏呵。”此后则只禁“五爪二角”的龙纹，三爪、四爪者民间可用。

元代龙纹的最高成就表现在青花瓷器上。元青花出现之前，宋代瓷器装饰主要采用刻花、印花、划花、雕花、堆花、剔花等技术，虽然也有绘画，但未曾像元青花画得这样细致。而且元青花还将刻、划、雕、印作为辅助手法，使既奔放又严谨的绘画被陪衬得更加精彩。元代龙纹的身形较细长，原来长着象征性的羽翼之位置，这时已安排上宛曲多叉的火焰纹，有的并给龙尾添上尾鳍。元龙纹大多为三爪、四爪，五爪龙只偶然出现。由于元代宫廷日常不大使用瓷器，所以饰这种龙纹的瓷器也不好以进呈御用的贡瓷来解释。在形象的处理上，行龙、立龙、升龙、降龙这时无不挥洒自如。以青花器为例，由于它多半只在底边画一泓海水，天空中也只有小朵祥云，不能像泼墨那样纵情晕染，所以龙体的轮廓清清楚楚，无意追求纸本绘画上那种阴明变化、疏密掩映的效果，因而不能有一丝懈笔。可以说，元青花上的龙纹不仅接受了宋代画龙的成就，而且又有发展。一件扁壶上画出一升龙、一降龙，如用张翥《题陈所翁九龙戏珠图》中“一龙回矫一倒起，侧磔虬髯怒喷水”之句来形容，真是恰当不过。但它们仍不脱行龙之构图的窠臼，两龙虽颠倒而立，却总各有一只前足或后足未离开地面，还是阔步前行的姿势（图1–35）。距离使之腾空飞跃，看来工艺家还有一段路要走。

青花瓷以钴蓝呈色，如通体施此种釉并以高温氧化焰一次烧成，则呈匀净沉着的宝石蓝色，称为蓝釉瓷器。有的蓝釉圆盘中露出一条白龙，仿佛它出现在深湛的海水中，蓝白色调的对比强烈，而又异常和谐。而以铁盐调釉的龙泉瓷，烧成后呈不同色调的绿色。它还有露胎贴花的做法，一件云龙纹折沿盘，盘心贴立龙，其两上肢与龙头均偏向一侧，像真的在跃动。贴上的胎泥花纹烧成后呈火石红色，在刻满水波纹的葱绿色釉面上，给人以典雅的美感（图1-36）。再如烧民用瓷的磁州窑，也喜欢在所产瓷罐上画龙，笔道粗犷，饱含着淳朴的生命力。

明代在景德镇设御器厂，遣官督造，所以在瓷器中再出现五爪龙则不为奇。这时于瓷上绘龙已得心应手，姿态多变，并产生了一些特殊的或变形的式样，如穿花龙、莲塘龙、飞鱼龙、斗牛龙、夔纹龙以及图案化的正面龙等。明瓷上的龙纹，宣德时最为壮观，如宣德青花海水龙纹大扁瓶，白龙遨游在汹涌的波涛中，鳞甲刻出暗纹，虽师元人遗意，但构图雄健，用笔酣畅，自成一代气象（图1-37）。成化、弘治间，官窑瓷器上龙的造型

图 1-35　元青花龙纹扁壶

图 1-36　元龙泉窑贴花龙纹盘

图 1–37　明宣德青花海水龙纹瓶

渐趋温驯，口部闭而不张，且有时置身莲塘，不知将何以叱咤风云。万历时出现了将龙头摆到中央，使之成为直视前方的正面龙。设计者或以为飞动时龙头多为侧面，不够对称。可是将龙头扭到正面，本意虽希望使龙纹更加端庄肃穆，提高品位；但身躯在腾飞，头部却要岿然不动，两部分不容易协调得好，动态和静态难以统一起来。这个问题留到清代也没有完全解决，只不过习惯成自然，久而久之，见怪不怪，它竟成了皇家御用之龙的标准图像。

明代工艺品中的龙纹大多围绕着帝后的服御之器展开，其中也不乏豪犷之作。如一件景泰款的鎏金雕龙铜香炉，二龙盘绕炉腹，头部昂起形成器耳。体量虽不大，但显得很有力度（图1–38）。不过更多见的是在精细富丽上下功夫。明太医院御药局旧存之黑漆描金云龙纹药柜，正面及两侧饰描金开光双龙纹，柜内正中有一组八方旋转式屉，共计80个抽屉，每个抽屉面上均绘出一对龙纹，在黑漆地的衬托下，金鳞烁耀，光彩夺目（图1–39）[44]。再如定陵出土的凤冠，本是皇后受册、谒庙、朝会时所用，冠顶以花丝编出金龙，口衔珠滴，为翠凤、珠花、宝钿所簇拥，更显得华贵异常。

说起明代的龙，还不能不提到朱元璋十三子朱桂于洪武二十五年（1392年）在山西大同其王府门前所建九龙影壁。壁长45.5米、高8米，琉璃砖上模印海水云龙。海水呈绿色，波涛涌漾，天宇呈蓝色，散缀云朵。九条大龙的色调、身姿各不相同，但气概极恢宏，精神极矍铄、极昂扬，而且仿佛具有写实意味。龙睛灼灼，威棱逼人。由于是大型高浮雕，所以效果为绘画所难以比拟。龙爪呈轮形，很大，看了它反觉得只有这样才与其体量相称。尾部也处理得很好，有如蜿蜒击水、鼓浪而行（图1–40）。亲临其境，驻足观赏，真有目眩神驰、地动

图 1-38　明景泰鎏金雕龙铜炉

图 1–39　明万历黑漆描金云龙纹药柜

左起第 3 龙

左起第 6 龙

图 1–40　山西大同九龙壁

天摇之感[45]。“凌波擘日曳惊虹，海内无如此壁雄！”

北京故宫和北海的九龙壁，虽然也都是建筑史上的天之骄子，却被拥抱在一片琉璃丛林里，倒不显得那么突出了。而明代山西的琉璃建筑装饰确有不少优异之作，即以大同一地而论，除上述九龙壁外，兴国寺的五龙壁，甚至观音堂的三龙壁，也都是有声有色、照耀人寰的佳构（图1–41）。

清代围绕在皇帝身边的各种龙纹，用得太泛，太和

图 1–41　大同观音堂三龙壁

图 1–42 清代龙袍上的龙纹

殿内外，以不同形式出现的龙共13844条之多，所以龙纹几乎成为普通装饰图案或象征性的符号了。帝后朝服上最煊赫的纹样：正龙，本是明中晚期出现的正面龙，这种龙纹千篇一律，只起纹章的作用（图1–42）。固然在龙袍上将正龙、行龙、过肩龙、团龙和象征“四海清平”的水波纹、象征“江山万代”的山石、象征“洪福齐天”的蝠纹和云纹以及万字、寿字等精心组织搭配，的确富丽堂皇。精致和艺术上的创造性虽并不等同，可是现在看到那些饰以龙纹的绿缎、缂丝、戳纱等织物，也令人叹为观止。清代饰龙纹的青花、釉里红、五彩、粉彩、斗彩等诸色瓷器，更是琳琅满目，各臻其妙（图1–43:1）。一件康熙釉里红瓷缸上的龙纹，更有奔放不羁、咄咄逼人之致；龙的肢体配合紧凑，无一处不发力，显得精气充溢（图1–43:2）。仿佛一声炸雷，拔地腾空，冲云破雾，劈月斩星。但这种式样当时并未能引领风尚，实际上没有多少追随者。作为帝国的纹章，要求龙纹约束在固定的格式里，基本上应保持静态；特别是礼仪性器物上的龙纹，更不允许逸出常规。而艺术创作追求的是有所突破，有所创新。这对矛盾在清代几乎无法解决。

正龙既然成为纹章，所以光绪年间的新式铸币上也少不了标出这种图案（图1–44:1）。袁世凯复辟帝制时所铸金银币上的龙纹稍有变化，添上翅膀。设计者可能寓意于“飞龙在天”，反而类似明代三等蟒袍上的飞鱼（图1–44:2）。铸币中最后见到的龙纹是1923年天津造币厂所铸龙凤银元，其上选取十二章元素重新组织成一个国徽的形式。今天看来感到构图似乎太传统了，但当时大约仍有新意。其设计者为鲁迅、钱稻孙和许寿裳。《鲁迅日记》1912年8月28日条记：“与稻孙、季市同拟国徽告成，以交范总长。一为十二章，一为旗鉴，并简章二，共四图。”龙凤币上采用的就是他们画的图样（图1–44:3）。

1. 康熙斗彩龙纹缸

2. 康熙釉里红海水龙纹缸

图 1–43 清代龙纹瓷器

1. 光绪金币

2. 洪宪金币

3. 龙凤银币

图 1–44　饰龙纹的金银币

图 1-45 用花卉摆砌的巨龙（现代）

古代中华民族创造的龙纹，经历了六千余年的沧桑巨变，仍为广大人民所喜爱，仍能唤起民族自豪感，表明中华文明既古老又年轻。近年龙作为艺术题材相当流行（图1-45）；预示着在下一个世纪中，龙的传人将奔腾而起，大展鸿图。然而尚须艺术家为这一值得珍视的艺术形象增辉添彩。

（原载《“龙文化特展”图录》，2000年。收入本书时作了修改）

注释

① 《庄子·天运篇》成玄英疏。

② 王东:《中国龙的新发现》，北京大学出版社，2000年。其中星象说最近又被强调。论者认为“龙的形象来源于二十八宿东宫星宿的形象”。并称:“其本质来源于星象则是最基本的事实”(《考古学集刊》第17集，第160、185页)。但夜空繁星万点，并不构成任何图形。说某个星座的连线像哪种动物，如若不是拿它和已知的形象相比附，本身是什么也看不出来的。故此说与科学的认识论不合。

③ 极光等说见刘志雄、杨静荣《龙与中国文化》，人民出版社，1992年。雷声说见胡孚琛《谈龙说凤》，《中国社会科学院研究生学报》1987年第4期。

④ 中国社会科学院考古研究所内蒙古工作队:《内蒙古敖汉旗小山遗址》，《考古》1987年第6期。濮阳市文物管理委员会、濮阳市博物馆、濮阳市文物工作队:《河南濮阳西水坡遗址发掘简报》，《文物》1988年第3期。中国社会科学院考古研究所:《宝鸡北首岭》，文物出版社，1983年。甘肃省博物馆:《甘肃彩陶》，文物出版社，1979年。

⑤ 孙守道:《三星他拉红山文化玉龙考》，《文物》1984年第6期。巴林右旗博物馆:《内蒙古巴林右旗那斯台遗址调查》，《考古》1987年第6期。王未想:《巴林左旗出土的红山文化玉器》，《辽海文物学刊》1994年第1期。孙守道、郭大顺:《论

辽河流域的原始文明与龙的起源》，《文物》1984年第6期。邵国田：《概述敖汉旗的红山文化遗址分布》，《中国北方古代文化国际学术研讨会论文集》，中国文史出版社，1995年。翁牛特旗文化馆：《内蒙古翁牛特旗三星他拉村发现玉龙》，《文物》1984年第6期。贾鸿恩：《内蒙古又发现一件新石器时代玉龙》，《中国文物报》1988年4月8日。《中国玉器全集》卷1，图28，河北美术出版社，1993年。河北省文物研究所：《河北阳原县姜家梁新石器时代遗址的发掘》，《考古》2001年第2期。辽宁省文物考古研究所：《辽宁牛河梁红山文化"女神庙"与积石冢群发掘简报》，《文物》1986年第8期。吉林大学考古教研室：《农安左家山新石器时代遗址》，《考古学报》1989年第2期。

又，有的研究者以北京颐和园仁寿殿前摆设的清代铜龙作为晚期之龙的标准形象，进而推断龙的原形为鳄鱼（《中国国家博物馆馆刊》2017年第3期）。作者并主张"万变不离其宗"，仿佛早期之龙亦应以此形为依傍。但我国最早出现的红山玉龙，造型与上述铜龙相去甚远，何况辽宁、吉林、内蒙古一带亦不产鳄鱼，故其说似不无本末倒置之嫌（修订时补注）。

⑥ 安徽省文物考古研究所、含山县文物管理所：《安徽含山县凌家滩遗址第三次发掘简报》，《考古》1999年第11期。张绪球：《石家河文化的玉器》，《江汉考古》1992年第1期。

⑦ 中国社会科学院考古研究所：《殷墟妇好墓》，文物出版社，

1980年。

⑧ 《仪礼·丧服》“齐衰之绖”，武威出土简本作“资衰之绖”。《尔雅·释草》：“茨，本作薋。”《诗·鄘风》：“墙有茨。”《说文·艸部》“荠”下引《诗》作“墙有荠”。

⑨ 俄国学者C. B. 阿尔金《红山文化软玉的昆虫学鉴证》（《北方文物》1997年第3期）一文已提出红山玉卷龙的外形类似甲虫之幼虫的看法。但未援引中国古文物及古文献进行比较研究，故其说在该文中无法落实。不过他凭直觉就能认识到这一点，仍属难能可贵。

⑩ 蛴螬又名“地蚕”，见《方言》卷一一郭璞注。蠋之本字作蜀。《说文·虫部》“蜀”下段玉裁注：“桑中蠹，即蛸蛴。”

⑪ 邓淑苹：《由蓝田山房藏玉论中国古代玉器文化的特质》，载《蓝田山房藏玉百选》，年喜文教基金会，1995年。

⑫ 国家文物局主编：《2005中国重要考古发现》页81，文物出版社，2006年。

⑬ 林沄：《所谓“玉猪龙”并不是龙》（载《二十一世纪的中国考古学》，文物出版社，2006年）一文，认为尾内卷的不是龙字，只是尾外翻的才是龙。此说固非林氏首倡，但他却在没有任何证据的情况下，只缘不合己意，便斥乙7143之字为“误刻”。

⑭ 子龙觚见《殷周金文集成》卷4，6906号。子龙爵为上海博物馆藏品，见陈佩芬：《夏商周青铜器研究》第94图，上海古籍出版社，2005年。子龙鼎藏中国国家博物馆。李学勤等关

于此鼎的论述，见《中国历史文物》2006年第5期。

⑮ 唐兰:《天壤阁甲骨文存考释》页40~41，辅仁大学丛书，1939年。

⑯ 王蕴智:《肩字探源》，载《追寻中华古代文明的踪迹》，复旦大学出版社，2002年。龙宇纯《说肩与蠃蠃》则认为，“肩当与蠃同字，为蜾蠃的象形初文”，即土蜂的形象。又说“马叙伦的《说文解字六书疏证》，竟至但凭肩字的翅形与龙字的口形相似，便说肩是龙字。大抵捕风捉影、望文起意的古文字专家所在多有，古今皆然”(《丝竹轩小学论集》，中华书局，2009年)。

⑰ 中国社会科学院考古研究所山西工作队、临汾地区文化局:《1978—1980年山西襄汾陶寺墓地发掘简报》,《考古》1983年第1期。

⑱ 中国社会科学院考古研究所安阳工作队:《安阳小屯村北的两座殷代墓》,《考古学报》1981年第4期。

⑲ 殷墟所出中柱旋龙盂的用途，拙著《中国圣火》(辽宁教育出版社，1996年)中有说。晚商鼎盖见林巳奈夫:《神与兽的纹样学》(常耀华等中译本)，页145，生活·读书·新知三联书店，2009年。

⑳ 中国社会科学院考古研究所安阳发掘队:《殷墟出土的陶水管与石磬》,《考古》1976年第1期。不过应当说明的是，虽然其造型与河南濮阳西水坡45号仰韶大墓中的蚌砌“龙”有近似之处，但后者取象于鳄，这是古脊椎动物学家考察了其身

体各部分的比例关系后得出的结论。而且原始的红山玉卷龙无足，有足的龙不早于商，要晚上几千年。西水坡的蚌砌图形如果被视作龙，则将因其过分超前而无法解释。

㉑ 张家坡出土玉龙见《中国玉器全集》卷2，图238，河北美术出版社，1993年。竹园沟出龙见广东省博物馆编:《贞石之语》图153，岭南美术出版社，2006年。父乙簋见李学勤、艾兰:《欧洲所藏中国青铜器遗珠》图85，文物出版社，1995年。

㉒ 所举诸例见《中国历史博物馆》图48，文物出版社、讲谈社，1984年。陈梦家:《美帝国主义劫掠的我国殷周铜器集录》图219，科学出版社，1962年。甘肃省博物馆文物队:《甘肃灵台白草坡西周墓》,《考古学报》1977年第2期。葛今:《泾阳高家堡早周墓发掘记》,《文物》1972年第7期。王家祐:《记四川彭县竹瓦街出土的铜器》,《文物》1961年第11期。喀左县文化馆、朝阳地区博物馆、辽宁省博物馆北洞文物发掘小组:《辽宁喀左县北洞村出土的殷周青铜器》,《考古》1974年第6期。

㉓《中国青铜器全集》卷6，西周2，图88，文物出版社，1997年。

㉔《中国青铜器全集》卷7《东周1》图22、74，卷10《东周4》图35，文物出版社，1998年。

㉕ 河北省文物研究所:《䜌墓——战国中山国国王之墓》上册，页118~120，文物出版社，1996年。湖北省博物馆:《曾侯乙墓》下册，图版33，文物出版社，1989年。

㉖ 中国历史博物馆:《华夏之路》第1册，页199，朝华出版社，1997年。

㉗ 在我国古代，于飞鸟以外的动物身上添翼的做法由翼龙发轫后，继而出现了多种有翼兽。汉代还有大型石雕有翼兽，南朝陵墓前更不乏这类杰作。但自20世纪以来，中国古代有翼兽起源于西方之说亦不断被提出。早在1928年，瑞典学者喜龙仁已持此种观点（见O. Sirén，*Winged chimaras in early Chinese art*，Eastern Art，1928）。其后他更肯定地说："它们身上有翼的这一事实，就证明了它们是依属于波斯艺术的"（见《大英百科全书》卷5，页582）。此论点虽未免皮相，却得到了日本学者的响应，如石田干之助谓："南朝萧齐、萧梁陵墓上的石兽，他那有翼的狮子像，纵使不问其是从哪个地方、经过哪条径路的影响，总之他有波斯方面的感化，是谁也很容易看得出来的；敢不待喜龙仁氏的提说"（见氏著《支那文化と西方文化との交流》，东京，1936年）。然而这一无根之游谈亦为若干中国学者所接受。如朱偰认为："六朝诸陵墓，皆有石兽，无论其为麒麟、天禄或辟邪，皆具双翼。此种作风当自小亚细亚、美索不达米亚传来"（见氏著《建康兰陵六朝陵墓图考》，商务印书馆，1936年）。黄文弼先生甚至表示："在秦汉以前，中国艺术无有以翼兽为雕刻题材者，可证翼兽为受外来影响，非中国所固有也"（见氏著《罗布淖尔考古记》，北平研究院史学研究所，1948年）。新中国成立后，仍有人维护此说，如李零教授一再宣称："中

国的有翼神兽”，“与西亚、中亚和欧亚草原的艺术有不解之缘。”“中国的有翼神兽是受外来影响”（见氏著《论中国的有翼神兽》，《中国学术》总第5辑，2001年）。但以上说法似均忽视中国早期有翼神兽之翼的安排与西方之作大不相同的事实。

㉘《中国青铜器全集》卷10《东周4》，图19。

㉙ 山西省考古研究所:《侯马铸铜遗址》卷上，页135、141、226，文物出版社，1993年。

㉚ 河北省文物研究所:《河北定县40号汉墓发掘简报》，《文物》1981年第8期。安徽省文物考古研究所、天长县文物管理所:《安徽天长县三角圩战国西汉墓出土文物》，《文物》1993年第9期。仪征市博物馆:《仪征出土文物集粹》页87，文物出版社，2007年。安徽省文物考古研究所、巢湖市文物管理所:《巢湖汉墓》彩版35:3，文物出版社，2007年。

㉛ 湖南省博物馆、中国科学院考古研究所:《长沙马王堆一号汉墓》下册，图73，文物出版社，1973年。

㉜ 洛阳博物馆:《洛阳西汉卜千秋壁画墓发掘简报》，《文物》1977年第6期。

㉝ 史树青:《我国古代的金错工艺》，《文物》1973年第6期。

㉞ 北京历史博物馆、河北省文物管理委员会:《望都汉墓壁画》，中国古典艺术出版社，1955年。《中国画像石全集》卷3《山东汉画像石》图114，山东美术出版社、河南美术出版社，2000年。李文信:《辽阳发现的三座壁画古墓》，《文物

参考资料》1955年第5期。

㉟ 缪赋见《初学记》卷三〇，郭赞见《艺文类聚》卷九六。

㊱ 《甘肃高台地埂坡魏晋墓》，载《2007中国重要考古发现》，文物出版社，2008年。

㊲ 南京博物院:《江苏丹阳胡桥南朝大墓及砖刻壁画》,《文物》1974年第2期。洛阳博物馆:《洛阳北魏画像石棺》,《考古》1980年第3期。

㊳ 吉林省博物馆:《吉林辑安五盔坟四号和五号墓清理略记》,《考古》1964年第2期。

㊴ 《华夏之路》第3册，页20~21。

㊵ 丹徒县文教局、镇江博物馆:《江苏丹徒丁卯桥出土唐代银器窖藏》,《文物》1982年第11期。

㊶ 韩伟:《海内外唐代金银器萃编》图182，三秦出版社，1989年。丁卯桥银盆见注㊵所揭文。内蒙古文物考古研究所:《辽陈国公主驸马合葬墓发掘简报》,《文物》1987年第11期。白俊波:《内蒙古宁城出土辽代三彩壶》,《文物》1984年第3期。《中国文物精华》图98，文物出版社，1988年。

㊷ 朝阳北塔考古勘察队:《辽宁朝阳北塔天宫地宫清理简报》,《文物》1992年第7期。

㊸ 《中国美术全集》绘画编《两宋绘画·下》图145，文物出版社，1988年。

㊹ 《华夏之路》第4册，页124~125。

㊺ 柴泽俊:《山西琉璃》，文物出版社，1991年。

二、熏炉

在汉代，熏香的风气南方较北方为盛。比如广州发掘的400余座汉墓中，共出土熏炉112件，自西汉晚期开始，近半数的墓葬中随葬熏炉；而在洛阳烧沟发掘的220余座汉墓中，仅出熏炉三件[1]。可见两地的差异之大。所以熏炉式样的变化，南方亦应处于领先地位。从广州出土物所反映的情况看，西汉中期已出现博山炉。初出时，其炉身尚接近豆形，但炉盖耸起，镂空作山云图案。在河北邢台西汉晚期墓中还有这种熏炉出土，只不过已将炉座制成蟠龙形，且附有承盘，显得更华丽一些（图2-1）。至于炉盖呈圆锥形、盖面铸出山峦的博山炉，亦于广州西汉中期墓中出现。而且这种炉型在广州长期沿用不衰，若干陶熏炉制成此形（图2-2）。值得注意的是，与博山炉在广州出现的同时或稍迟，中原地区也出现了此类熏炉，而且工艺愈益精美。这可能与中原地区的铸造技术水平较高、墓主的社会地位也更加显赫有关。满城1号墓出土的一件错金铜博山炉，圈足饰卷云纹。炉座透雕三龙，作腾波出水状。炉身和炉座系分别铸成后再铆合在一起的。炉腹较深，以容炭火。腹上部有山峰探出，与炉盖上的群山相连接。出烟孔利用山峦重叠之势，多开在隐

图 2-1　蟠龙座铜博山炉

图 2-2　陶博山炉

蔽处，平视之不见孔隙，熏香时却升起袅袅烟篆。盖上的峰峦之间点缀树木、虎豹、野猪等，还有持弓弩的猎人出没其中。几只猴子或踞山巅，或骑兽背，更形成活泼的生趣（图2–3）。汉诗："请说铜炉器，崔嵬象南山。上枝似松柏，下根据铜盘。雕文各异类，离娄自相连。"齐·刘绘《咏博山香炉诗》也说："蔽野千种树，出没万重山。上镂秦王子，驾鹤乘紫烟。下刻蟠龙势，矫首半

图 2–3　错金铜博山炉

衔莲。”诗中的描述与这些熏炉的形制颇相符。可见这种炉型自出现之后，其设计随即迅速成熟，在短时期中已基本定型。但满城1号墓所出之炉未附铜盘。满城2号墓所出鎏银铜博山炉附有盘，盘中有孔，以容炉座之榫。炉盖透雕，分上下两层：上层收缩为圆锥形，铸出山峦、云气、人物、猛兽。下层盖壁较直，铸出四神纹，但却用北方草原出产的骆驼代替玄武，很少见。炉座为力士骑兽形，力士一手擎炉身，一手按兽头，造型雄武（图2–4）。

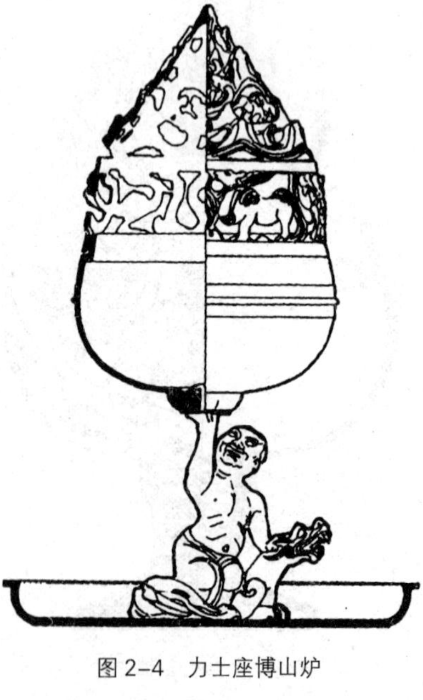

图 2–4　力士座博山炉

东汉的炉座则常做成羽人形。湖北蕲春枫树林东汉墓出土的一件博山炉，以头承炉身的是一羽人，其肩生羽翼，臀生羽尾，跪坐在环绕神兽的基座上，与炉盖铸出的神山、天鸡相配合，透露出浓厚的神话气息（图2–5）。同式之熏炉在湖南衡阳蒋家山、广州先烈路惠州坟场等地的东汉墓中也曾出土，河南南阳地区还曾拣选到一件②，反映出东汉时神仙思想之泛滥。

汉代博山炉中之最特殊的一例出土于陕西兴平茂冢

图 2–5 羽人座博山炉

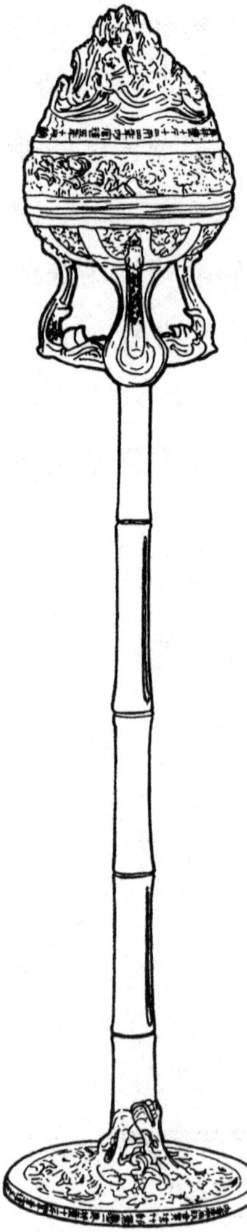
图 2–6　竹节熏炉

1号无名冢1号陪葬坑。此炉的器身、器盖和一般圜底圆锥形博山炉并无大异，但器座的构造却与众不同。其底部呈圆盘状，透雕仰头张口之蟠龙，龙口中衔长柄。柄作竹竿形，共分五节。在第五节上端向外伸出三条曲体昂首之龙，如同三组插栱，稳稳地将炉身捧起。此炉通高58厘米，应与较高的床、帐配合（图2–6）。炉上的花纹且以鎏金与鎏银相衬托，交映成趣。此炉在盖口外缘与底座上均有刻铭，但铭文中二者的编号与制作机构均不一致，或系当时误配。根据铭文得知其名为“金黄涂竹节熏卢”，原来放置在未央宫，本是皇帝的御用之物。

不过，此炉之做工虽极精湛，但其造型之意匠亦有所本。汉代的铜灯已有将灯座立柱顶端分作三支托住灯盘的。又广州横枝岗

2030号西汉墓所出铜灯，承灯盘的立柱只是一段内含朽木的短管，可见该灯本应装有木柄[3]。此竹节熏炉则将这类竹、木柄一并用铜铸出，且将三支柱头作成龙形。经过如此精心的加工之后，它在工艺上的成就遂使习见之品难以望其项背了。

注释

① 广州市文物管理委员会等:《广州汉墓》上册，页478，文物出版社，1981年。洛阳区考古发掘队:《洛阳烧沟汉墓》，页137，科学出版社，1959年。

② 《全国基本建设工程中出土文物展览图录》图版183。《广州汉墓》下册，图版167。李国灿:《东汉青铜天鸡羽人炉》，《中原文物》1983年第1期。

③ 《广州汉墓》上册，页231。立柱顶端分三支承托灯盘的灯，见《大邑县西汉土坑墓》，《文物》1981年第12期;《重庆市南岸区的两座西汉土坑墓》，《文物》1982年第7期;《纪国故城附近出土一批汉代铜器》，《考古》1984年第1期。

三、五兵佩

1981年在内蒙古乌兰察布盟达尔罕茂明安联合旗西南西河子的一处窖藏中出土金饰五件，其中包括颇为罕见的金步摇两组共四件，以及一件两端装龙头并缀有五枚小兵器模型和两枚小梳子模型的金链（图3-1）[①]。关于金步摇，笔者在《步摇·步摇冠·摇叶饰片》一文中已作过讨论。而这里出土的金链，性质也很复杂，在中外文化交流史上占有独特的位置，而且时代相同的标本国内迄今尚未发现第二

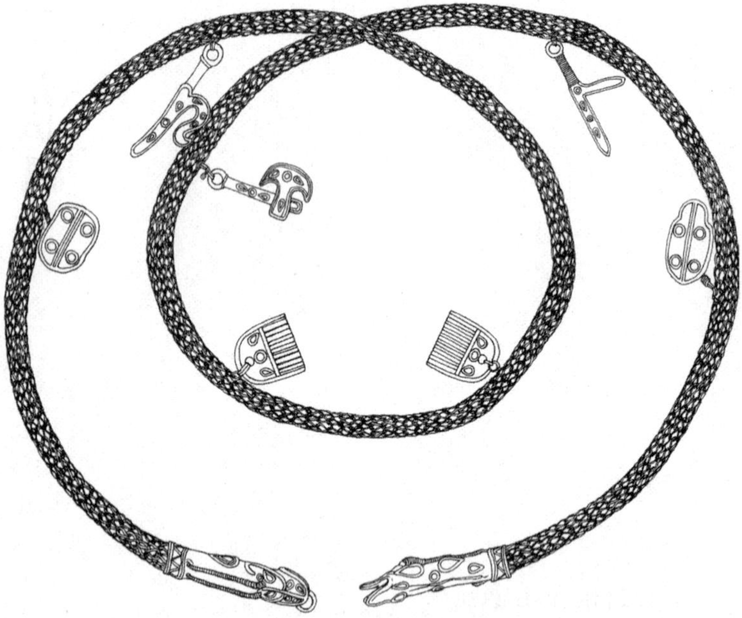

图 3–1 内蒙古达茂旗西河子出土的西晋五兵佩

例，亦弥足珍贵。

这条金链长128厘米，以金丝编结而成，应是作为项链使用的；由于比较长，佩戴时拖垂在胸前，所以又和通常说的璎珞等佩饰相近。其两端的龙头以金片卷制，龙的耳、目、口、鼻等处都用一道金丝加一道联珠纹勾出轮廓，有些部位原先曾镶嵌小块彩色玻璃片，今多已脱失，残留的很少。龙角用金丝缠绕。龙头前部附金环，以便两端互相衔接；后部饰有一圈花纹带。链身所缀各种模型虽小，但造型准确，比例恰当，堪称具体而微，显然是仿自现实生活中的器物，不像后世的拟古之作往往存在疏略之处。概括地说，这条金链在形制上的特点有三：1.两端装龙头；2.链身以金丝编结；3.缀有兵器模型等坠饰。

在绕成环形的金饰如项圈、臂钏之两端装兽头的做法，于古波斯阿契米德王朝的制品中已经常见，古希腊也有用金丝编结的链。可是将二者结合起来，链身为金丝编结、两端又装兽头的实例，在黑海沿岸斯基泰人的遗物中才见到。如1990年乌克兰赫尔松州鄂尔基诺地方前5世纪的斯基泰墓所出金项链，链身用金丝编结，两端装有马头，马口外各附金环，马颈后部也有一圈花纹带。其所缀之五枚坠饰虽保存状况不佳，但安装它们的钮座与个别钮座脱落后留下的孔洞都很清楚（图3–2）②。与西河子这一件相较，除了装的不是龙头而是马头外，上述三项特点可谓齐备。通过北方草原之路进行的文化交流，使此类工艺意匠很早就传入我国。新疆乌鲁木齐南山矿区阿拉沟出土的战国金链也是编结成的，两端已残，不知道原来是否装有龙头或兽头，但链上还保存着六枚以松石珠或白玉珠与金珠组成的坠饰，表明它和鄂尔基

图 3–2　乌克兰鄂尔基诺出土的斯基泰金项链

诺金链的形制相近（图3–3:1）[3]。但当时这种工艺似乎并未继续向东传播。内地所出战国、秦汉金器中均不曾发现它的踪迹。就编结技术而言，它不同于我国当时编絛带所采用的以两条斜纬往返穿迭的方法，而和西方套扣式的毛线编结工艺相近。值得注意的是，1951~1952年在湖南长沙的考古发掘工作中，于五里牌406号战国木椁墓中出土了一片编织物，也是用后一种工艺编成的，其质地为蚕丝，所以此物不存在由域外传来的可能性

1. 乌鲁木齐阿拉沟出土的战国金链

2. 咸阳窖店出土的唐鎏金银链

图 3–3　金银链

（图3–4）[4]。但在以后的长时期中很少发现过类似的丝编织物。可是采用这种技法编结成的金、银或鎏金之链，几千年来却不时出现，不绝如缕，不断向文物工作者提出其来源与演变过程等引人深思的问题。

不见于汉代的这类项链，至西晋、十六国时期却随着佛教造像活动的勃兴而重新出现。在我国南北朝以前之为数不多的鎏金铜造像中，有一件传陕西三原出土的菩萨

图 3–4 丝编织物，长沙五里牌战国墓出土

像，现藏日本京都藤井有邻馆。此像立于莲座上，上身大部袒露，肩部和臂部有天衣缠绕，下身着裙，足蹑在中国金铜造像中颇为罕见的带襻凉鞋。其右手施无畏印，左手执水瓶。颈部戴项圈，胸前另垂下一条编结的项链，链之两末端为二龙头，共衔一珠（图3–5:2）⑤。此像约制作于十六国晚期，它的面相与服饰均具有极浓厚的犍陀罗作

风。所佩之项链在犍陀罗雕像中常见，实例很多。譬如德国柏林印度艺术馆所藏半跏思维菩萨石像，是犍陀罗雕刻中的精品，年代为2~3世纪（图3–5:1）⑥。它戴的项链就和三原菩萨像上见到的几乎完全一样。这种项链或即《悲华经》（北凉·昙无谶译）所称“龙头璎”。它在唐代遗物中也发现过，陕西咸阳窑店出土的鎏金龙头银项链的形制与之极其相似（图3–3:2）⑦。该银链长102厘米、龙头最大径3厘米、链径1.9厘米，与造像上所戴项链的比例亦大致相合。拿它们和西河子所出者相比，不难发现不少共同点，但两者也还存在着很大的区别。佩戴西河子金链时，龙头应位于颈后；而佩戴窑店出土的银链时，却与上述造像一样，龙头是垂在胸前的。所以不能简单地把它们划作同一类型，尽管彼此间存在着密切的关系。

在犍陀罗雕刻中，菩萨像上佩戴的饰物相当繁复，除了圣纽、护符等物外，项饰也常为两重。在龙首项链之内，多半还有一件直径较小的扁片状项圈，其两端相连接的部分位于颈后。这类项圈在西亚以至地中海地区广泛流行，贵霜工艺家把它们装饰在菩萨像上也是顺乎时尚之举。在这类项圈中有一种和本文讨论的问题相关，乌克兰第聂伯罗彼得罗夫斯克州奥尔忠尼启则市前4世纪的斯基泰古墓所出者可以为例。这件金项圈下部为扁宽

1. 柏林印度艺术馆藏犍陀罗石雕像

2. 传陕西三原出土鎏金铜造像

图 3–5 菩萨像

的月牙形，分成三条花纹带，其中有透雕的动物争斗和斯基泰人生活的图像，十分精美。但其两末端也装有狮头，狮口外附环，狮颈饰花纹带，连着一段金丝编结的短链，然后才用合页将两末端接到项圈的本体上⑧。它告诉我们，无论项链或项圈都有在末端装兽头的，而且佩戴时均可将兽头置于颈后。

除龙头外，西河子金链上的坠饰也是其重要的组成部分。鄂尔基诺金链上的坠饰不知原来是什么样子。阿拉沟金链上的坠饰之形制则与兵器模型相去甚远。古代世界各地的装饰品中，与西河子金链之坠饰近似者，在早于犍陀罗造像的印度小乘佛教艺术中出现过。

小乘佛教艺术不直接表现佛像，而以金刚座、伞盖、菩提树、三宝标、佛足迹、窣堵波等象征物为代表。同时，礼佛的装饰物（即华严）如宝幢、宝瓶、双鱼、法螺、卍字、果盘、璎珞、华鬘等，及护法之物如剑、斧、战轮等则散缀其间。它们有些也被当成首饰的素材，出现在项链等物上。如印度北方邦阿拉哈巴德附近的巴尔胡特大塔之栏楯上的雕像所佩项链，就缀有三宝标形和戟形坠饰，年代为公元前2世纪末至前1世纪初（图3–6:1）⑨。印度中央邦博帕尔附近的桑奇大塔北门浮雕中的项链上，缀有莲花、剑、斧、楯、双鱼、三宝标等形的坠饰，年代为1世纪初（图3–6:3）⑩。这些纪元前后的印度坠饰和西河子金链之坠饰如此接近，使人有理由把它们联系起来加以讨论。

西河子金链坠有斧、戟、盾、梳诸形，印度链坠中也有斧、戟和盾，这种情况自非巧合。不过图3–6:1中的盾有点像树叶形。《四分律·房舍犍度》中所称“一片姜之像”，即指此类图形而言⑪。在图3–6:3和西河子金链

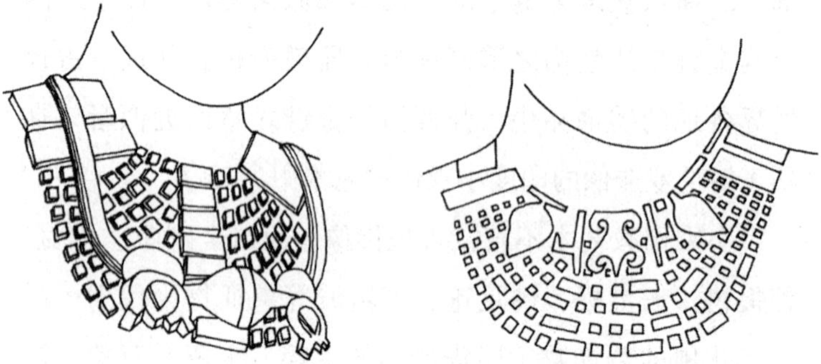

1、2. 巴尔胡特大塔栏楯雕刻

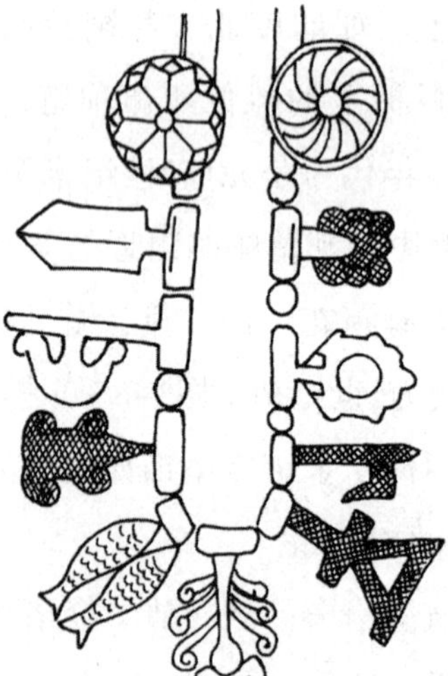

3. 桑奇大塔北门雕刻

图 3-6　古印度项饰

上，则都表现为清楚的盾形了。一条项链缀上这些含有护法的意义之物，使佩戴者觉得会得到佛法的庇佑，所以应是与宗教信仰有关的首饰。可是西河子金链上所缀之梳形坠饰却使人难以理解，它和礼佛护法的用意无关，安排在这里有点不伦不类。但考虑到在古印度的佛教雕刻中，三宝标是经常出现的形象，其基本构图为圆盘形叠加W形，此W形代表三钴金刚杵或三叉戟，原是南亚次大陆古代的一种武器。由于佛教徒把上述图形视作三宝的象征，认为它是由轮宝和圣树组合而成的，所以往往在上面增益枝蔓，使之变成式样不甚固定的一种图案。像图3-6:1、2所举项链上的三宝标，其轮廓乍看起来甚至有点像梳子。西河子金链的制作者接触到的样品上或者也缀有类似的三宝标，如果这位匠师对此并不明其究竟的话，就很可能用他所熟悉的梳子取而代之了。

西河子金链这类首饰大约就是我国古文献中所说的“五兵佩”。《宋书·五行志》说：“晋惠帝元康（291~299年）中，妇人之饰有五兵佩，又以金银玳瑁之属为斧、钺、戈、戟以当笄。”此记事出自干宝《搜神记》(《太平御览》卷三三九、六九二引)，亦见《晋书·五行志》，当可信据。南京象山晋·王丹虎墓所出金笄的顶部正作斧钺状，可见干宝之说不虚[12]。西河子金链上出现了五件兵器形坠饰，又进一步证实其说。而根据此链之各种坠饰的形制推测出的年代，也正和文献所记五兵佩的流行时期相符。

西河子金链坠中的戟都是不装长柄的手戟。这种武器出现于东汉中期，盛行于东汉晚期，董卓、曹操、孙策、太史慈等活跃于这一时期的人物，都留下了使用手戟的记事[13]。西晋时，张协还写了一篇颇富文采的《手戟铭》[14]，可见晋代尚沿用此物。再往后到南北朝时就不多见了。汉末刘熙在《释名·释兵》中有记载手戟的专条，说它是“手所持擿之戟也”，以与“长丈六尺，车上所持”的车戟相区别；表明手戟的柄较短，可以投掷以击敌。清·成蓉镜《释名补证》曾征引文献以证其制。杨泓先生《中国古代的戟》一文则结合考古资料对手戟作出论述[15]。西河子金链坠中的手戟分两种形式：I式为戟刺、戟枝互相垂直的卜字形戟，与两汉通用的长戟的戟头之状相一致。此式手戟在广州先烈路5080号东汉晚期墓中出过陶制的明器[16]。在武氏祠、沂南等汉画像石中都能看到它的形象[17]。Ⅱ式戟的刺之顶部微向后偃，其戟枝的根部弧曲上翘，末端又向下弯成钩状，正视呈S形。和它的形制完全相同的实例在出土物中未发现过。但东汉时已有带上翘之枝的戟，不仅长戟如此，手戟也有制成此式的（图3–7:1）。魏晋时代的戟仍沿着这种趋势继续发展。到了南北朝时，由于马镫的普及，骑术得到很大改进，使具装甲骑涌上战场。对付这种人马皆着重铠的骑兵，必须使用攻击力强、能刺穿铠甲的武器。从而矟（这时的矟是一种宽体的双刃大矛）遂崭露优势，成为长兵中首选的利器。受这种潮流的影响，此时少量出现的戟，也在体侧附以弧翘状的弯枝，如在敦煌莫高窟285窟西魏壁画中所见者（图3–7:4）。西河子金链坠中Ⅱ式手戟的刺部还保持着传统的式样，从发展序列上说，应位于上述西魏戟之前，这意味着它的年代应较南北朝为早。

西河子金链坠中还有斧。汉代称战斧为长斧，河南方城与山东沂南画像石中出现过执长斧的武士和神怪[18]。但造型与西河子金链坠更为接近的是四川成都青杠坡所出东汉斧车画像砖上之例，这件大斧的弧刃之上下两尖角极度向后弯曲，与链坠之斧形如出一辙（图3–8）。魏晋时，战斧却不多见。

此外，链坠中还有两件盾。其中一件的轮廓好像拉长了的凸字形，盾面自脊部中分，两侧各镶嵌两排圆形盾钖。战国、西汉的盾多呈对称的双弧形，仿佛一件坎肩的后背，盾顶当中相当坎肩领子的部位明显地向上凸起[19]。东汉时，盾形较前简化，曲线趋于缓和。西晋陶

1. 山东沂南东汉画像石中的蚩尤，左手执带弯枝的手戟

2. 河南洛阳出土西晋持盾陶甲士俑

3. 湖南长沙出土西晋持盾陶武士俑

4. 敦煌莫高窟 285 窟西魏壁画中所见带弧翘状弯枝的戟

图 3–7 汉、晋、南北朝时期的戟和盾

图 3–8 成都出土东汉斧车画像砖

俑所执之盾，如河南洛阳所出者，虽然顶上仍有凸起的部分，但整体轮廓已近椭圆，和链坠之盾形基本相同了（图3–7:2）⑳。西河子金链上另一件盾形坠的腰部微向内敛，有些西晋陶俑也执有同样的盾（图3–7:3）㉑。

从以上几种武器的式样看，它们虽有因袭汉制之处，但已不为汉制所囿。更由于其中的盾是西晋式的，其中的曲枝手戟也应出现于西晋，因而西河子金链给人以制作于西晋时的印象。再看链坠中的梳子，其形制的时代特点也与上述初步判断相合。我国的梳子自战国至三国时，始终为竖长的箕形；自西晋至隋唐，逐渐演变为横宽的箕形；到了宋代，又演变为半月形。所谓竖长的箕形，指梳体的高大于宽；而横宽的箕形之宽度却大于高。广州西郊西晋墓出过横宽的箕形梳[22]。西河子金链坠中之箕形梳的高度与其底边相等，表明此梳正处于梳制由竖长箕形向横宽箕形演变的过渡阶段。

至于金链两端的龙头，造型也和东汉的同类器物有相近之处。以之与河北定州北陵头村43号东汉墓出土的金龙头相比，虽然后者的装饰更为华丽，但它们都以圆形金筒为基体，龙头的造型亦不乏共同点，而且龙角均采用以金丝缠绕的手法；只是西河子龙头上的角特别长，表现出时代较晚的迹象。综合起来看，西河子金链坠的造型中倾向于东汉的成分较多，倾向于十六国、南北朝的成分较少，所以似应把它放在西晋时期之偏前的位置上，其制作年代大约不出3世纪。

3世纪时，佛教在我国的传布之势虽已相当强劲，但尚未臻大盛，许多重要的佛经尚未翻译过来。即所谓“晋武之世，寺庙图像，虽崇京邑，而《方等》深经，蕴在葱外”[23]。国人对佛教义学的认识仍然是浅层的，若明若晦。这时译经事业尚处于自发状态，译经的高僧中既有月氏人，也有中天竺、康居以及于阗、罽宾等地之人。在佛法东流的浪潮中，西域僧人纷至沓来，各种佛具的传入也必然是渠道众多、不拘一格的。而我国信徒对这些西方的新奇之物，还谈不上有多深的理解。像这件混合了斯基泰、犍陀罗及中印度诸种工艺手法，并带有佛教艺术色彩的首饰，却被我国称为五兵佩，变得与宗教和世俗均若即若离，既不成为佛具，也难以看作是一般意义上的装饰品。无怪乎干宝对它作出这样的评论："男女之别。国之大节，故服物异等，贽币不同；今妇人而以兵器为饰，又妖之大也。"[24]显得很不理解。其实这正是佛教入我国的初期，若干与之俱来的西方事物尚未能与我国传统文化相接轨之所致。

西河子五兵佩的发现，为中外文化交流史上实物不丰的西晋时期提供出一件珍贵的史料，它与文献记载是如此契合无间，所包含的文化信息又如此丰富多样，宜应受到重视。五兵佩的原型产生于中印度小乘佛教的艺术氛围之中，而随着我国般若研究的发达和大乘佛学的兴盛，至隋唐时它已经失去了所依托的土壤，所以咸阳窑店出土的唐代龙首项链，遂不再缀以兵器形的坠饰，它的宗教气息也就更加浅淡了。

时代再晚些，在乌克兰切尔尼戈夫市还出过一条鎏金龙首银链（图3–9）[25]。其上之龙头的式样与南俄奥伦堡地区之萨尔马泰墓出土的金项圈上所饰者近似（图3–10）。罗斯托夫采夫早已指出，奥伦堡金项圈上的龙头是纯粹

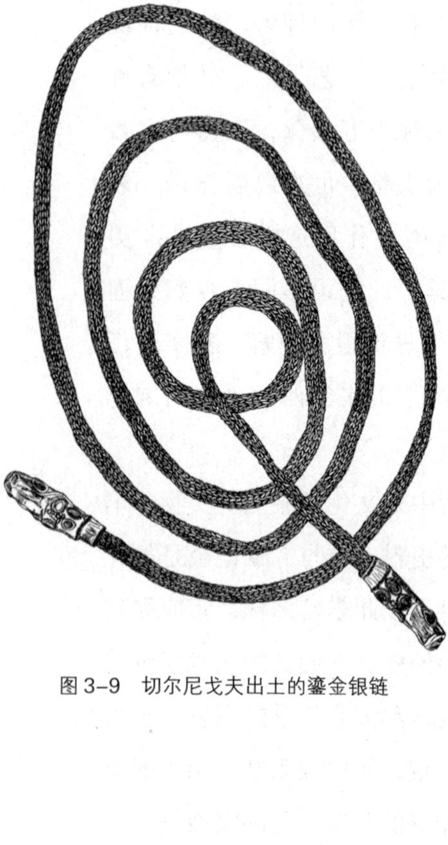

图 3-9　切尔尼戈夫出土的鎏金银链

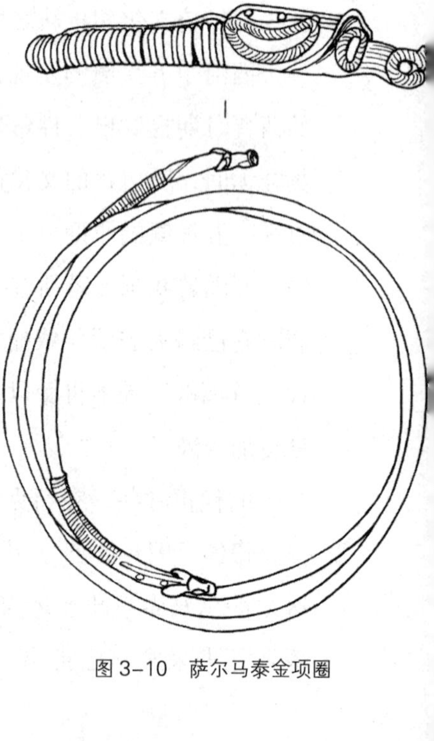

图 3-10　萨尔马泰金项圈

的东方式样[26]。萨尔马泰通过欧亚大陆北方的草原之路，有条件接触和吸收中国文化；从他们那里又进一步西传，从而对切尔尼戈夫银链产生影响。这就是此银链上的龙头既与西方之造型不侔，也不全像中国式样的原因。但它的时代似不早于宋、元。内蒙古博物馆的征集品中还有几条龙头银链，也应是这一时期之物，上面也缀有坠饰，不过像是后来添加上去的（图3-11）。它们大约只作为饰物使用。但撇开用途不谈，仅就金银丝编结的龙首

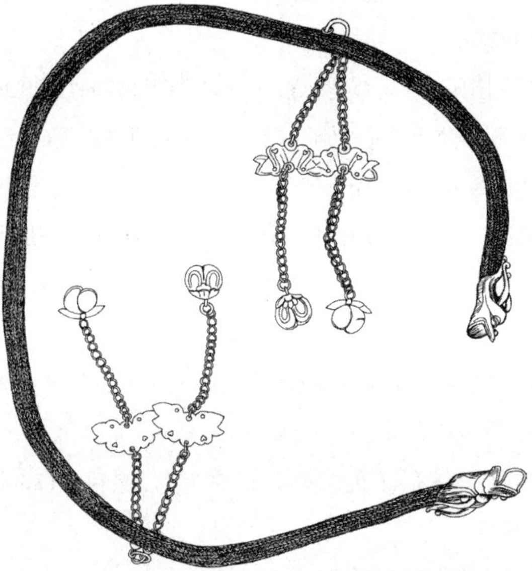

图 3-11 内蒙古博物馆藏龙头银链

项链之造型而论，在我国自晋至元，千余年中矩矱未失，流风不堕，也称得上是一种值得重视的特殊文物了。

（原载《华学》第1集，1995年）

注释

①　陆思贤、陈棠栋:《达茂旗出土的古代北方民族金饰件》,《文物》1984年第1期。

②⑧　《スキタイ黄金美术展图录》，图52，67，日本放送协会，1992年。

③　《楼兰王国と悠久の美女》，图305，朝日新闻社，1992年。

④　中国科学院考古研究所:《长沙发掘报告》，页64，图版32，科学出版社，1957年。

⑤　水野清一:《中国の雕刻》，图版6，日本经济新闻社，1960年。

⑥　宫治昭:《涅槃と弥勒の图像学》，页341，图184，吉川弘文馆，1992年。

⑦　王长启等:《介绍西安藏珍贵文物》,《考古与文物》1989年第5期。

⑨⑩　林良一:《东洋美术の装饰文样》，页14、17，同朋舍，1992年。

⑪　《大正藏》卷22，页937。

⑫ 南京市博物馆:《南京象山5号、6号、7号墓清理简报》,《文物》1972年第11期。该笄又见周汎等:《中国历代妇女妆饰》,插图2·29,学林出版社,1988年。

⑬《三国志·魏书·吕布传》又《武帝纪》,《三国志·吴书·孙破虏讨逆传》又《太史慈传》。

⑭《太平御览》卷三五三。

⑮ 见《中国古兵器论丛(增订本)》,文物出版社,1985年。

⑯ 广州市文物管理委员会等:《广州汉墓》上册,页415,下册,图版143,文物出版社,1981年。

⑰ 曾昭燏等:《沂南古画像石墓发掘报告》,图版80,文化部文物管理局,1956年。

⑱⑲ 参见拙著:《汉代物质文化资料图说(增订本)》第34、36篇,上海古籍出版社,2008年。

⑳㉑ 成东等:《中国古代兵器图集》,页171,解放军出版社,1990年。

㉒ 麦英豪等:《广州西郊晋墓清理报导》,《文物参考资料》1955年第3期。

㉓ 梁·慧皎:《高僧传·晋长安竺昙摩罗刹》,中华书局,1992年。

㉔《宋书·五行志》。

㉕ И.В.Бонадрь, сост.Древнее Зологo.из соърания Музея исторических Дра Гоценностей УССР.М. “Искусство”, 1975.

㉖ M.I. Rostovtzeff, *Iranians and Greeks in South Russia*, p.124. Oxford, 1922.

四、禽兽纹刀环

中国自西汉以来，骑兵逐渐成为最具优势的兵种，其所用之适宜在马上挥砍的环首刀，也成为最常见的短兵器，各地汉墓中多次出土。铁环首刀长1米左右，柄顶部做出一个近椭圆形的扁环。由于人们对刀环非常熟悉，所以在隐语中常以“环”谐“还”。《汉书·李陵传》记任立政等欲招已降匈奴的李陵归汉，可是在单于设的酒宴上不便私语，于是“目视陵，而数数自循其刀环”，暗示他可以归还。汉代民

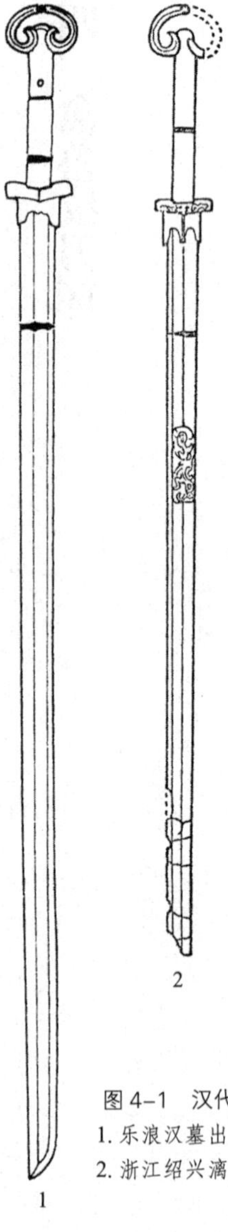

图 4–1 汉代的环首刀
1. 乐浪汉墓出土
2. 浙江绍兴漓渚出土

间歌诗："藁砧今何在？山上复有山。何当大刀头，破镜飞上天。"前两句是说丈夫外出，而第三句的"大刀头"就代表环即还，下面的第四句便是说重新团圆了。则刀头必有环，乃被看作是正常的情理中事。

至东汉时，刀环开始突破其椭圆形的轮廓，将刀柄上端纳入环内一小段，环之底部则左右中分且贴紧柄端向上翻卷，于是遂组合成一个三叶形。这种做法起初大约是出于强化环与柄连接处之牢固程度的考虑，后来转而注重其装饰性（图4–1）。而禽兽纹刀环就是在三叶式环之翻卷的两末端增益动物首尾而成。河南南阳杨官寺一座东汉中期的画像石墓所出铜剑柄，提供了已知之最早的实例。此剑柄长13.5厘米，鎏金，柄端有龙纹环（图4–2）。

河南南阳杨官寺东汉墓出土

图 4-2 刀上的龙纹环首

龙的躯体即环身，龙首龙尾则顺应三叶式环两末端的走向加工而成，其构图无疑是从这一更早的环形发展出来的。由于汉剑绝少装环首者，所以此环首完全可以被视为刀环的代表。

不过禽兽纹刀环于2世纪中尚未发现过第二例。《东观汉记》说邓遵在安帝时因立战功，受赐“墨再屈环横刀”（《太平御览》卷三四五引）。“墨再”不可解。疑

“再”字原为“削”字，此字坏而为“肖”，复讹而成“再”。削即刀剑之室。《吕氏春秋·离俗篇》说，有壮子“新素履，墨剑室”。《续汉书·舆服志》记臣僚佩刀之制时，谓：“诸侯王黄金错环、挟（挟通夹，即刀柄），半鲛黑室。公卿百官（室）皆纯黑，不半鲛。小黄门雌黄室，中黄门朱室。”可见自先秦时，已经重视刀室即刀鞘的颜色，邓遵之刀配以“墨削”正是所谓“黑室”。“屈环”则又称“屈耳环”。《蒲元传》说他：为诸葛亮铸刀三千口，“金屈耳环者，乃是其遗范”（《艺文类聚》卷六〇引）。蒲元造的屈耳环在陶弘景《刀剑录》中称为“连环”。屈环、屈耳环、连环三名，味其命义，可能式样仍与三叶式环为近。直到3世纪初，曹植在《宝刀赋》中说：“魏王命有司造宝刀五枚，以龙、熊、鸟、雀为识。”又说这种刀“规圆景以定环，摅神思而造象”（《初学记》卷二二引）。似乎才出现了用禽兽形装饰的刀环。

接下来到了以爆发八王之乱为序幕的大动荡的4世纪，有关禽兽纹刀环的遗物或文献记载均鲜有所闻。至南北朝初期，才出现了赫连勃勃制造的“大夏龙雀”。他于凤翔年间筑都城统万城，并造龙雀环刀，时在5世纪前期。《晋书·赫连勃勃载记》说他：“造百炼刚刀，为龙雀大环，号曰‘大夏龙雀’。铭其背曰：‘古之利器，吴楚湛卢。大夏龙雀，名冠神都。可以怀远，可以柔迩。如风靡草，威服九区。’世甚珍之。”张衡《东京赋》“龙雀蟠蜿”，薛综注：“龙雀，飞廉也。”司马相如《上林赋》“椎飞廉”，李善注引郭璞曰：“飞廉，龙雀也，鸟身，鹿头。”则龙雀大环中表现的似是一种神禽的形象，这也正和大夏新改的纪年“凤翔”相应。此种刀既然受到举世珍赏，无疑制作极精。但赫连夏是一个忽兴骤灭的小国，它与拓跋魏为世仇，427年魏太武帝拓跋焘破统万城，这时距龙雀大环的问世不过十余年，故应有相当数量的此种刀落入北魏人之手。文献中也明确记载：北魏宫廷仪卫正式使用禽兽纹环刀。《唐六典·武库令》条说：“今仪刀盖古班剑之类，晋、宋已来谓之御刀，后魏曰长刀，皆施龙凤环。”联系历史背景看，北魏之施龙凤环的仪刀在某些方面必然会取法“大夏龙雀”的形制。

可以初步推测为北魏仪刀的实例，目前所能举出的只有一件，据说系1929年出土于河南洛阳市孟津县北庆山古墓，已流入美国，今归纽约大都会博物馆。因该馆藏有洛阳出土的两件中国古刀，故此刀被称为“洛阳乙刀”。它的环首中饰凤，刀柄与刀身相接处装汉式菱形铜镡，鞘外束有十七道狭窄的银箍（图4–3）。据格兰瑟于1931年发表的《公元600年时的中国古刀》一文中之介

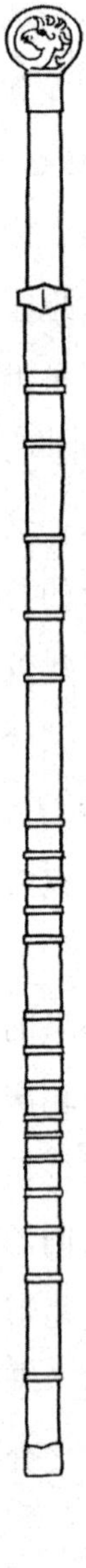
图 4-3 洛阳乙刀，美国纽约大都会博物馆藏

绍，此刀出土时用丝绢包裹，附着在上面的土块且粘有墓内所铺朱砂①。可见出土后未经清洗修整即盗运至美。格氏推定的年代据称系与朝鲜、日本的古刀剑相比较而得出；但征引的资料不足，其论断缺乏充分依据。1996年，穴泽咊光、马目顺一二氏发表了《由大都会美术馆所藏传洛阳出土的环头大刀论及唐长安大明宫出土品》一文，提出洛阳乙刀上的铜镡为古玩商后配之说，从而认为刀的年代为南北朝后期至隋，即6世纪晚期至7世纪初期②。虽然，洛阳乙刀上所见之镡在汉代多用于剑，刀上用的很少。但并非没有先例，图4-1举出的两件刀皆装镡。至于认为洛阳乙刀之镡系后配，则与仓促盗运至美国的状况不合；其中推测的成分居多，并无实据。从形制上看，乙刀不会晚到二氏所推断的年代。因为南北朝后期正是我国古刀剑系佩方式大转变的时

期。自东周以来，中国古刀剑多贯璏而佩，间或有在鞘外装带扣佩带的，但很少见。而西亚方面早在古波斯阿契米德王朝时已在鞘上制出单附耳以佩刀剑。到了萨珊王朝中期，鞘上的单附耳改进成双附耳，具体年代约在5世纪初。由于用此法佩刀剑有许多优点，所以不晚于5世纪末，鞘上设双附耳的做法已传入中国。新疆拜城克孜尔石窟69窟壁画中的龟兹供养人腰佩嵌宝石的双附耳短剑。这种短剑形制奇特，应为西亚式样（图4–4:1）。哈萨克斯坦科克切塔夫州博罗沃耶湖（Borovoje L.）附近与韩国庆州鸡林路14（N）号墓均曾出土，可见它已传至遥远的东方（图4–4:2、3）③。到了6世纪中期以后，刀鞘上装双附耳之制在中国已普遍流行。宁夏固原北周天和四年（569年）李贤墓出土装银质双附耳的铁刀。山西太原北齐武平元年（570年）娄睿墓壁画中的众多武士均佩带装双附耳的长刀（图4–5）④。而在洛阳乙刀上却全无装双附耳的痕迹，所以它的年代应比李贤、娄睿等墓的年代为早。

再看环首本身的造型。洛阳乙刀之刀环一端形成凤首，另一端形成凤尾，仍保持着南阳杨官寺汉代龙纹环首之构图的格式。而此种意匠在朝鲜半岛与日本列岛出土的同类制品中却见不到了。朝鲜半岛的禽兽纹刀环，

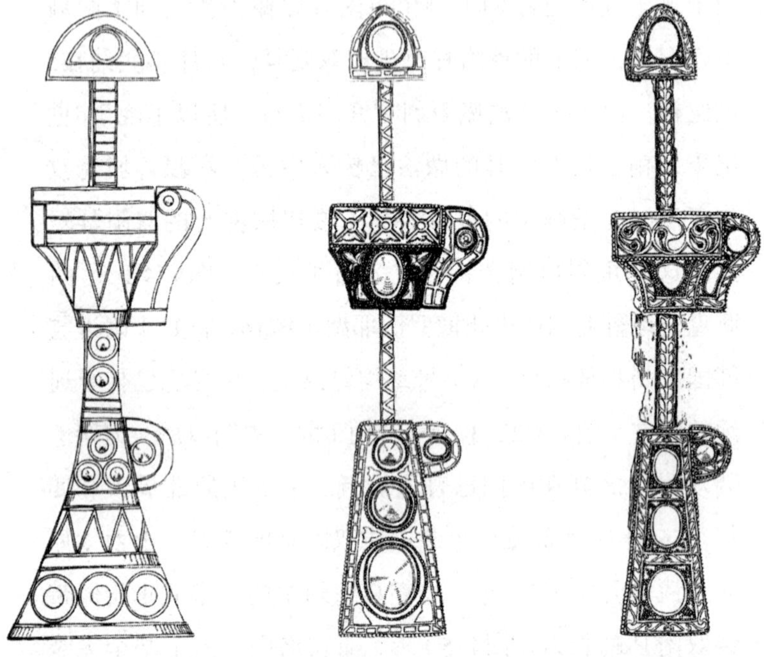

1. 新疆克孜尔石窟 69 窟壁画

2. 哈萨克斯坦博罗沃耶湖附近出土

3. 韩国庆州鸡林路 14（N）号墓出土

图 4–4　双附耳短剑

珊金鞘铁刀，
北部出土

2. 南北朝壁画，新疆克孜尔 207 窟

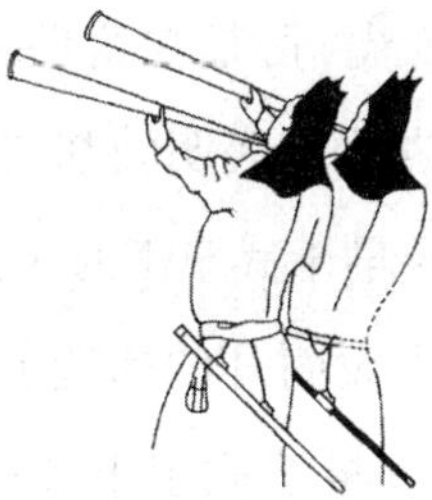

3. 北齐壁画，山西太原娄睿墓

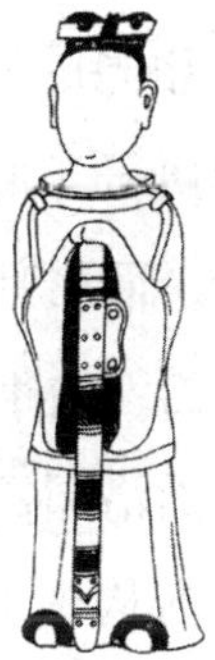

4. 隋代瓷俑，河南安阳张盛墓出土

5. 唐代壁画，陕西乾县永泰公主墓

6. 唐代壁画，陕西咸阳苏君墓

7. 唐代壁画，山西太原金胜村唐墓

8. 唐金银钿装大刀，日本奈良正仓院藏

图 4-5 装双附耳的刀

最早的一例为韩国忠清南道公州百济武宁王陵所出者。武宁王殁于523年，但根据陵中所出王妃之饰以与刀环环身龙纹相同的银钏所镌“庚子年”铭文推断，刀和钏均应制于庚子年即520年⑤。可是在这件刀环上，龙首兀立于环中，而尾部已被省略，表明较初出之构图有所改进。故洛阳乙刀的年代又应早于武宁王时（图4–6:1、2）。

既然洛阳乙刀从不设附耳的构造上说应早于李贤墓，从环首的构图上说又应早于武宁王陵；那么它就很可能不是6世纪的，而是5世纪后期的制品。考虑到《唐六典》指出的，魏有施龙凤环的仪刀。而北魏太武帝在5世纪前期破统万城后，再经过几代的经营，统一北方，太和十八年（494年）又迁都洛阳，国势臻于极盛。洛阳乙刀很可能就是这时的仪刀，其环内之凤首的造型，也正和这一时期的艺术风格相合。孝文帝迁洛之前，自太和五年至十四年（481~490年）在平城方山（今大同市西寺儿梁山）建造了文明皇后冯氏的永固陵。陵内的石券门两侧龛柱上雕有口衔宝珠的神禽，以其头部与洛阳乙刀环内之凤首相较，不难看出在整体轮廓及细部处理上有不少一致性（图4–7）⑥。比如衔珠的姿势，头顶上的三簇冠毛，喙与眼目之间以线条分割等做法，均颇相似；说明乙刀如果不是迁洛时自平城携来，便是北魏在洛阳制作的。

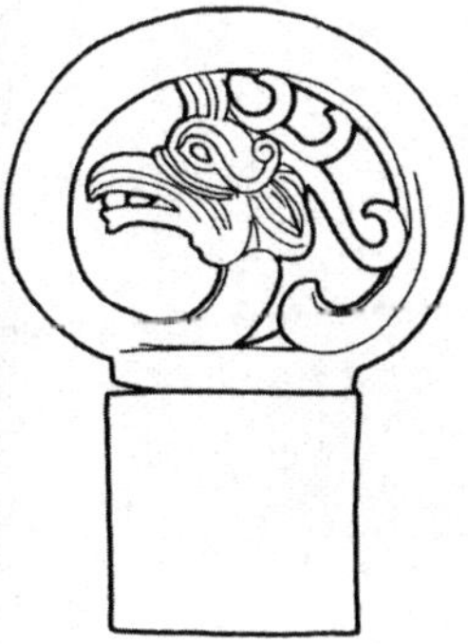

1. 洛阳乙刀

2. 百济武宁王陵出土

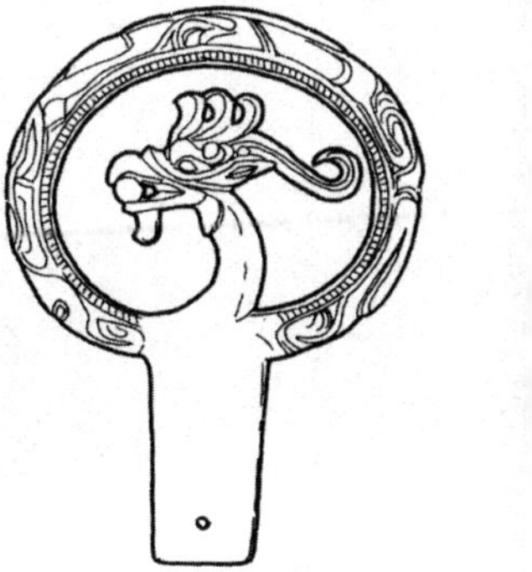

3. 日本日拜冢古坟出土

4.（传）日本奈良榛原町出土

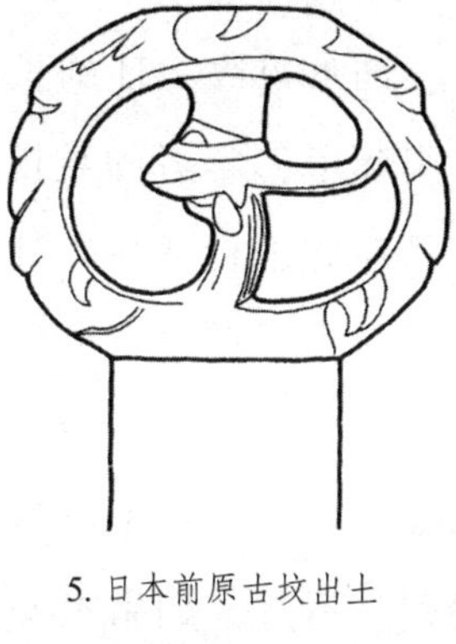

5. 日本前原古坟出土

图 4–6　单龙凤首刀环

图 4–7　永固陵石雕中的凤纹

饰禽兽纹刀环的长刀，在朝鲜和日本屡屡出土，久已引起考古学者的重视，滨田耕作、梅原末治早在1923年已对此进行考察，其后如末永雅雄、后藤守一、穴泽咊光、马目顺一、町田章、新纳泉、金廷鹤等人，都有重要成果问世⑦。但作为创出此种刀环的中国方面的材料却太少了，以致难以将其传播和演变的过程排出系统的序列。不过，如果本文上述推测得以成立，那么有了洛阳乙刀这件5世纪后期的标本，情况就会清楚得多。将它和日本福冈县春日市日拜冢古坟、传奈良县宇陀郡榛原町、福岛县须贺川市前原古坟等处出土的凤首刀环相较，

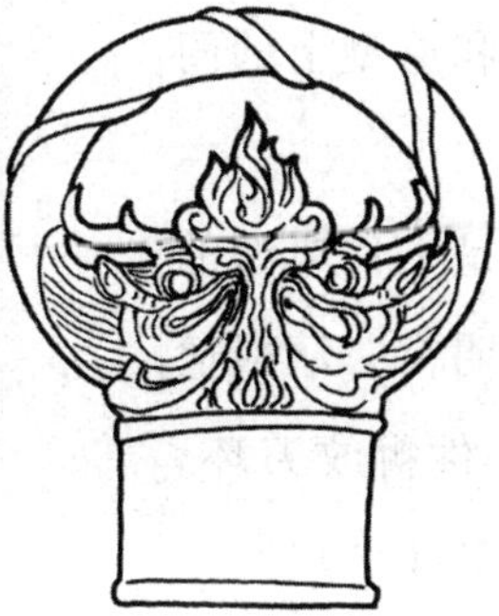

1. 洛阳甲刀，美国纽约大都会博物馆藏

2. 陕西西安大明宫三清殿出土

3. 日本兵库御园古坟出土

4. 大明宫玄武门出土

5. 日本御崎山古坟出土

图 4–8　双龙首刀环（1~3）与狮首刀环（4、5）

不仅可以看出中国刀环对海东的强烈影响，同时也会察觉到，若干当地制品在模仿中国式样的过程中，既有某些新的创造，也不免流露出工艺上的粗放和造型上的简率（图4–6:3~5）[⑧]。

至于大都会美术馆所藏洛阳甲刀，则是一件典型的唐代双附耳龙环仪刀。同类型的刀环在大明宫三清殿遗址出土过。在大明宫玄武门遗址还出过一件狮纹刀环。工艺均极精美，为海东之同类制品所不及（图4–8）[⑨]。

但是还有一个问题，为什么此类环刀在朝鲜、日本出土的数量反而比中国多？则恐与其使用范围有关。在中国，禽兽纹刀环只装在仪刀上，而仪刀只能由宫廷仪卫使用。《隋书·礼仪志》保留了北周时使用仪刀之制度的记载。左右宫伯、小宫伯“各执龙环金饰长刀”，左右中侍“左执龙环、右执兽环长刀”，左右侍“左执凤环、右执麟环长刀”，左右前侍“左执犀环、右执兕环长刀”，左右骑侍“左执罴环、右执熊环长刀”，左右宗侍“左执豹环、右执貔环长刀”。规定得如此严格、细致，非应执掌者不便僭用。而在朝鲜、日本似乎无此定制，有力者多制禽兽纹环刀以自矜贵，所以在出土物中遂屡见不鲜。

（原载《汉唐之间文化艺术的互动与交融》，文物出版社，2001年）

注释

① S. V. Grancsay，Two Chinese Swords Dating about A. D.600，*Bulletin of the Metro-politan Museum of Art*，25（1930~31），New York.

② 穴泽咊光、马目顺一:《メトロポリタン美術館所藏傳洛阳出土の環頭大刀を論じて唐長安大明宫出土品に及ぶ》,《古文化谈丛》第36集，1996年。

③ 穴泽咊光、马目顺一:《慶州鶏林路14号墓出土の嵌玉金装短剣をめぐる諸問題》,《古文化谈丛》第7集，1980年。

④ 宁夏回族自治区博物馆、宁夏固原博物馆:《宁夏固原北周李贤夫妇墓发掘简报》,《文物》1985年第11期。山西省考古研究所等:《太原市北齐娄睿墓发掘简报》,《文物》1983年第10期。

⑤ 大韩民国文化财管理局编:《武宁王陵》，1974年。

⑥ 中国历史博物馆:《华夏之路》第2册，页294，朝华出版社，1997年。

⑦ 浜田耕作、梅原末治:《近江国高島郡水尾村鴨の古墳》,《京都帝国大学文学部考古学研究报告》第8册，1923年。末永雅雄:《日本上代の武器》，东京，1943年。后藤守一:《歴史時代の武器と武装》,《考古学講座》，东京，1928年。穴泽咊光、马目顺一:《竜凤文環頭大刀—試論韩国出土例を中心として—》,《百济研究》第7号，1976年。町田章:《環刀

の系譜》,《古代東アジアの装飾墓》，京都，1987年。新纳泉:《單竜、單鳳環頭大刀の編年》,《史林》64卷4期，1982年。金廷鶴:《韩国の考古学》，东京，1972年。

⑧ 日拜冢出土者，见中山平次郎等:《日拜冢》,《福冈縣史跡名胜天然紀念物調查報告书》第5辑，1930年。榛原町出土者，见京都大学文学部:《京都大学文学部博物舘考古学資料目錄》第2部，1968年。前原古坟出土者，见江藤吉雄:《福島县須賀川市前原古墳群發現の飾大刀二題—環頭、方頭—》,《福島考古》18号，1977年。

⑨ 大明宫三清殿出土者，见马得志等:《唐代长安宫廷史话》，新华出版社，1994年。大明宫玄武门出土者，见中国科学院考古研究所编:《唐长安大明宫》，科学出版社，1959年。

五、金明池上的龙舟和水戏

20世纪50年代后期天津市艺术博物馆征集到一幅宋代绢画，描绘的是北宋时在东京开封府金明池上泛龙舟观水戏的情景。它原是从一套册叶里散出的一开，高29.5厘米、宽30厘米。此图所表示的方位：上为西，下为东，左为南，右为北，与现代画地图的习惯不同。尺幅之中，反映出了这一热闹场面的全貌。虹桥水殿、楼观彩棚，尽收眼底。水面之上，大小龙舟鼓枻激浪，池岸夭桃垂柳，掩映成趣。各处稠人广众，徘徊瞻眺，熙来攘往，不下数百。此图界画精妙，对池台亭榭的形制布局，反映得准确而细致（图5-1）。1960年，罗哲文、李庵二位先生就此图所写的文章已指出这一点[①]。金明池位于东京外城西垣之外，在

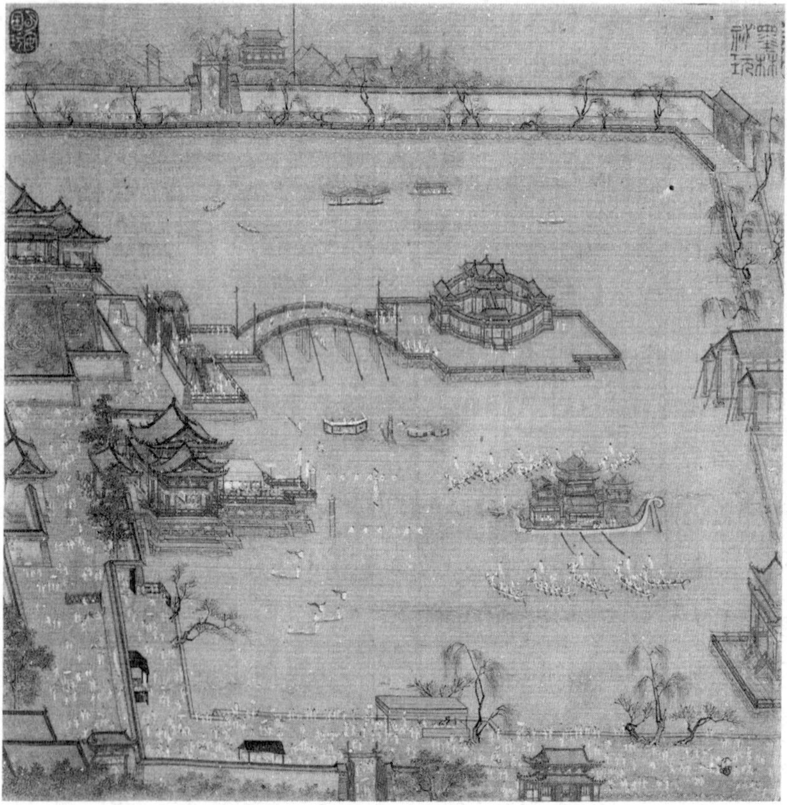

图5-1 宋·张择端（传）《金明池争标图》

顺天门和汴河西水门之间。它虽然距汴河较近，但引入的却主要是供内苑使用的金水河之水（《玉海》卷一四七）[②]；所以图中的池面为一鉴清波，与浊流滚滚的汴河水不同。东京顺天门俗称新郑门，因为它是外城即新城之门，且正对着内城即旧城西垣的旧郑门（正式名称为宜秋门）之故。明·李濂《汴京遗迹志》卷八说："金明池在城西郑门外西北，周回九里余。"泛称郑门，不分新旧，有失缜密，但所记池周长度与孟元老《东京梦华录》卷七之"九里三十步"相一致。而《梦华录》称"池西（吕原明《岁时杂记》作'池面'，是）直径七里许"则有误。因为新郑门和西水门相距仅二里许，且金明池的平面接近方形，每面只能有二里多，故周回九里有余。据新近钻探的结果：此池东西长1240米、南北宽1230米、周长4940米[③]。周长折合9宋里45宋步，与记载堪称密合。它的面积不算太大，但在开封的四处池苑：凝祥、金明、琼林、玉津中，却是最著名的。主要是因为它从三月初一开放，时称"开池"，上巳过后才关闭（《续资治通鉴长编》卷四八）。至南宋时，犹艳称"宣和中，京师西池春游"[④]。在此期间还有皇帝车驾亲临，宴群臣、观龙舟竞渡之举，这天"游人增倍"。图中表现的正是这一盛况。

此图右下角接近边缘处有一道雉堞，即开封外城西垣。雉堞上高耸之楼，即新郑门的门楼。其左方之乌头门，挟门柱上端装日月版，两扇棂子门大开，应即金明池正门。池对岸位置与此门相当的另一座乌头门，即金明池西门。门内为池之西岸，“亦无屋宇，但垂杨蘸水，烟草铺堤，游人稀少”（《梦华录》）。这里就是刘斧《青琐高议·西池春游》所记侯生与独孤姬邂逅之处，该文中说“池西游人多不往”，与《梦华录》及此图所示之状况正合。循池西折而向北，有高大的屋宇跨水而建，《梦华录》称之为“奥屋”，沈括《梦溪笔谈·补笔谈》卷二称之为“澳屋”，即神宗时采纳黄怀信的设计所筑，是用以修理和存放大龙舟的船坞。图中的大龙舟已离开澳屋，正向南岸驶去。此舟极其富丽豪华，应为哲宗绍圣年间名匠杨谈重造者（蔡絛《铁围山丛谈》卷四）。《梦华录》说：“大龙船约长三四十丈，阔三四丈，头尾鳞鬣皆雕镂金饰。”“上有层楼台观槛曲，安设御座。龙头上人舞旗，左右水棚排列六桨。”然而考虑到郑和下西洋时乘坐的宝船据说才长44丈4尺⑤，则这里所记长度显系夸大之词，因为即以长30宋丈而论，折合今制已达98.7米，这么大的船用六支桨是划不动的；对此本文姑存而不论。但《梦华录》的其他描写在图中均约略可辨，特别是大龙舟船首龙头上站着的人，后来的同类图画中多半未予表现，在这里却看得清清楚楚。可是这样一艘高峻巍峨的平底船，在水上极易倾侧，为了保持稳定，其舱底密排着桌面大小的压舱铁，据《铁围山丛谈》说，总重量达18万斤，折合今制约115.2吨，数字亦太大，难以全信。不过此船的规模无论如何总是相当惊人的，从而运转之时势难灵便。元符年间有一次上巳节宴群臣，蔡京在金明池登大龙舟，刚要上船，“而龙舟忽远开去，势大且不可回”，竟将他闪跌入池。当时“万众喧骇，仓卒召善泅水者”，但这位人称“六贼”之首的蔡京还有一身功夫⑥，救援的人尚未赶到，他自己已经游出水来了（《铁围山丛谈》卷三）。

大龙舟行驶的方向正对着池南岸的一座殿宇，此殿名临水殿。据陆游《老学庵笔记》卷六记载，哲宗有一次曾拒绝登大龙舟，表示“但临水殿略观足矣”。因知其建造的年代不会晚于此时。惟《梦华录》称：金明池南岸“有面北临水殿，车驾临幸观争标，锡宴于此。往日施以彩幄，政和间用土木造成矣”。仿佛临水殿是政和时才建造的，其实它在哲宗时已经存在，政和时所建者只不过是用以取代“彩幄”的那一部分。图中所画的临水殿，前部有宽阔的露台，上面搭设着黄色的大幄帐。这是一个很值得注意的现象，是对此图进行断代的标尺，因为它说明此图之最初的创作时间不会晚到政和时；而图中的大龙舟又说明它不会早于重造此舟的绍圣时。

宋初开凿金明池的目的本为操练水军，真宗时曾在池侧置水军营“按试战棹”（《续资治通鉴长编》卷八一）。宋·袁褧《枫窗小牍》说当年神卫虎翼水军在池中演习时，“船舫回旋，戈船飞虎，迎弄江涛，出没聚散，欻忽如神”。熙宁以后，武备渐弛，水战演变成水戏。不过由于有原先形成的传统，所以水戏也相当紧张热烈。其中最主要的项目是龙舟争标。上述小绢画中，在临水殿的露台前，两列红旗立于水中，这是为竞渡争标之船“标”识地分远近用的。两列旗当中还竖着一根高竿，上面挂着不少“利物”（奖品），即《梦华录》所说：“有小舟，一军校执一竿，上挂以锦彩、银碗之类，谓之标竿，插在近殿水中。”竞渡的小龙船、虎头船等，正在大龙舟两侧鼓噪前进。遗憾的是画幅太小，展观时如自高空俯瞰大地，景色虽一览无余，细节却不甚了了。比如在两列红旗之西，即图的中部，池面上还停泊着三艘船，靠左面的那一艘形制奇特，仿佛是搭在水上的一座舞台。此船或即《梦华录》所记：“又有一小船，上结小彩楼，下有三小门，如傀儡棚，正对水中乐船。上参军色进致语，乐作，彩棚中门开，出小木偶人，小船子……又作乐，小船入棚。继有木偶筑球舞旋之类，亦各念致语唱和乐作而已，谓之水傀儡。”可惜这一在戏剧史上具有重要意义的表演项目虽已近在眼前，却看不真切。至于当中之带架子的船是否即“水秋千”，右面那艘是否即“乐船”，就更不易作出判断了。但在这三艘船后面的仙桥，却画得很清楚。此桥“南北约数百步，桥面三虹，朱漆栏楯，下排雁柱，中央隆起，谓之骆驼虹”(《梦华录》)。郑獬《游金明池》诗中“波底画桥天上动，岸边游客鉴中行”之句，即咏此桥⑦。桥之右端通往池中心的亚字形人工岛，岛上有以廊庑相连接的五座殿堂，名水心殿。桥左端则通往建于砖砌高台上的宝津楼，这是皇帝赏阅诸军表演百戏之处，与龙舟争标无关，所以图中只把它们作为衬景处理了。

不过，图中那些分辨不清的细节，有的却可以参看元仁宗时王振鹏所绘《金明池争标图》(图5–2)。此图台北“故宫博物院”藏有两卷，美国纽约大都会博物馆、底特律美术馆各藏一卷，内容及笔意大致相同，可能原作便不止一本。此卷中出现的大龙舟，较短而宽，甲板上的建筑物拥挤不堪，显然是摹自南宋·李嵩的《天中戏水图》(图5–3)。这艘船在结构上不合理的地方很多，它似乎受了当时流行的仿大龙舟制作的玩具龙船（金盈

图 5-2 元·王振鹏《金明池争标图》(局部)

图 5-3　宋·李嵩《天中戏水图》

之《醉翁谈录》卷三）的影响。李嵩画过不少幅《货郎图》，对玩具知之甚稔，容有所偏爱。而王振鹏在其历史画卷中，居然把大龙舟也画成这种样子，就使人感到他对北宋的情况未免有些隔膜。虽然如此，但他画的水秋千却十分具体，荡起者与腾越半空行将入水者的姿势都很生动（图5-4）。与《梦华录》所说“又有两画船，上立秋千，船尾百戏人上竿，左右军院虞候监教，鼓笛相

图 5–4　王振鹏图中的“水秋千”

和。又一人上蹴秋千，将平架，筋斗掷身入水”的情况差似。表演水秋千给人的印象深刻。朱翌诗：“却忆金明三月天，春风引出大龙船。二十余年成一梦，梦中犹记水秋千。”⑧真可谓梦萦魂牵。南宋时，“西湖春中，浙江秋中，皆有龙舟争标，轻捷可观，有金明池之遗风”（耐得翁《都城纪胜》）；“又有踏滚木、水傀儡、水百戏、撮弄等，各呈技艺”（周密《武林旧事》卷七）。这些记载却都未提水秋千，或者此时这个节目已不太流行。清代又有秋千船，然而只是女孩子在船面的秋千上荡来荡去，“飘然而来花冥冥，忽然而去风泠泠”，并不往水里跳（丁午《湖船续录》），和北宋时的水秋千大不相同。至于《梦华录》所说“百戏人上竿”的情况，在王振鹏的画卷里也能看到。这里的一艘船上叠起长凳和条案，案上有人足蹬高竿，竿头的表演者手展长幡，上书“庆国泰民安贺风调雨顺”等字。此船上还有一人执长竿，上面也悬挂着各色“利物”，应即标竿（图5-5）。此外，卷中众多小龙船争先恐后互相竞赛的气氛也被渲染得紧张热烈，立在小船龙头上的军校“舞旗招引”之状颇为传神。而在上述小幅绢画中，虽然也有人立在小船的龙头上，但仅具轮廓，就难以充分引起观者的注意了。

在王振鹏的画卷中，金明池的建筑物也画得比较实在，虽然不无改动之处，且因所采用的透视方法不同，它们被以横向顺序排列开来，与正常的方位亦有别，但水心殿、仙桥、桥头的华表、桥南的彩楼以及竞渡之终点临水殿的形象都还认得出来。金明池毁于靖康兵燹，元代的王振鹏无缘得见，而且他对该池的详情也并不十分了解，他的《争标图》有一本在临水殿的匾额上竟添写“宝津之楼”四字，张冠李戴，就闹了一个笑话。所以他绘此长卷时必有所本。南渡以后，中原人士之旅居江外者，往往通过描写京师风物的文字或图画以寄托乡愁。及至元代，这类图画之存世者尚有多少？有哪些可能被王振鹏看到？已很难说清。但寻觅蛛丝马迹，仍会找见若干可资探讨的线索。

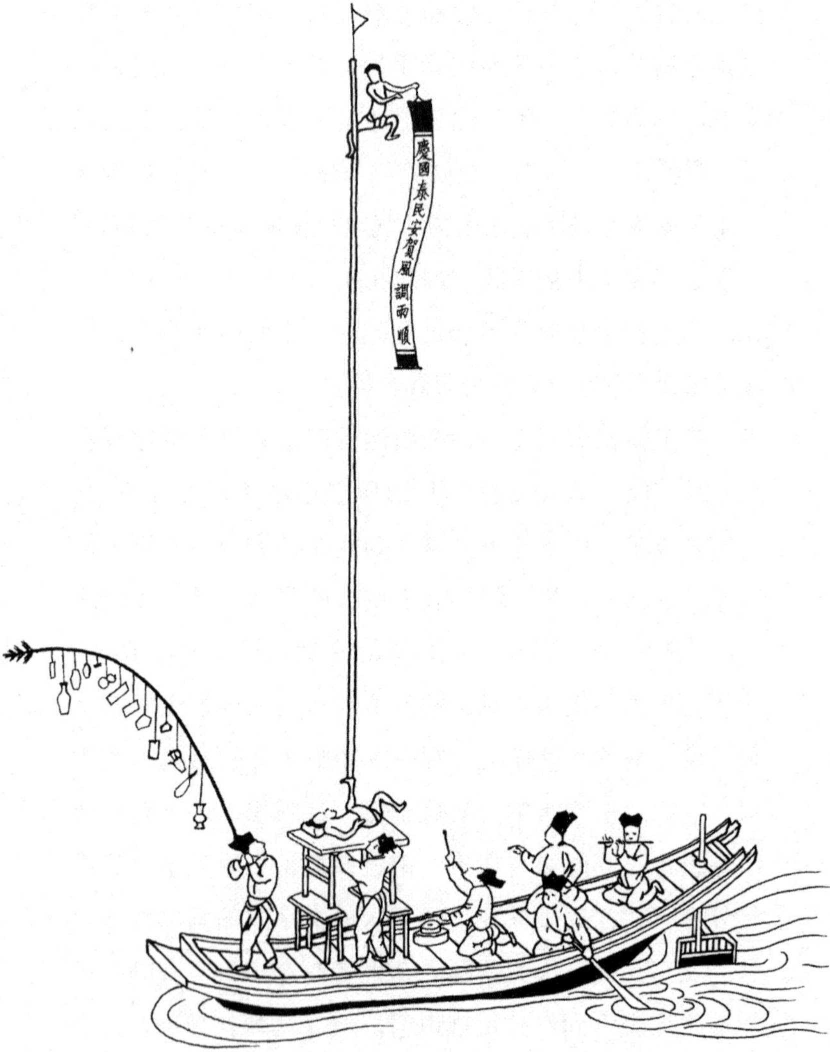

图 5-5　王振鹏图中的“百戏人上竿”

让我们再回到上文所说的小幅绢画上来。此图左侧粉墙一角有“张择端呈进”细字款，但画的笔意与北京故宫所藏张择端《清明上河图》相去很远，其非张氏原作，固不待言；研究者多认为它是南宋时传摹之本。但问题是它的底本有没有可能出自张氏手笔？答案应该是肯定的。只要看图中描绘的金明池风物的真实程度，便可知其创作者倘非亲历，是绝对画不出来的。至于有些细节与《东京梦华录》的记载微有出入，则不足病。因为一来《梦华录》的记载也并不见得完全可靠，到底是相信该书还是相信此图，也还有个比较鉴别、见仁见智的问题。二来古代中国画并无百分之百地照原样写生的传统，小绢画所绘金明池与《梦华录》所记如此契合，已经是很难能可贵的了。再者《上河图》后幅金代张著的题跋说张择端有《西湖争标图》与《清明上河图》；鉴于金明池当时通称“西池”，故《西湖争标图》也有可能即《西池争标图》之误记。又据张著所列二画的次序，《争标图》应作于《上河图》之前。而这时张择端尚不应南渡，当时杭州的西湖上也未闻有龙舟争标之盛。所以有理由认为，画史上推重的张氏早年所作《争标图》，或即这幅小绢画的底本。不过从构图上说，王振鹏的《争标图》是长卷的形式，倒与张氏的《上河图》更为接近。

现存的《上河图》是从东京外城东部较空旷之处起手向西画，经过下土桥，进内城角子门，然而再经过一处十字路口，画卷就戛然而止，分明是一个残卷⑨。其完本往西还应画出相国寺、州桥等东京城内有代表性的繁华市街，可惜后面的一大段已佚失不存。郑振铎先生说："根据后来的许多本子,《清明上河图》的场面还应向前展开，要画到金明池为止。"⑩无疑是正确的判断。因为只有这样才是一卷首尾完整、横亘东京的都城全景图。金明池龙舟争标和清明节常在同月之中，时间相近，《上河图》末段在金明池上安排争标的场面也是合乎情理的。这一热闹景观张氏久已会心，在《上河图》中一定描绘得比小绢画更精彩。它引起了王振鹏的怀古之情，从而以之为主要依据完成了他的在形式上亦互相接近的"争标图"。虽然后者并非前者之忠实的摹本，这里面夹杂着若干后出之事物。大龙舟不必说，画卷中的"鳅鱼船"，也和《梦华录》所称"止容一人撑划，乃独木为之"的情况不同，而是一人站在鱼形长木上，且不见撑划的动作，令人觉得其中有南宋弄潮人之踏滚木表演的身影。其他不合宋制之处尚有不少，不备述。但从王氏画卷几个本子的内容无多大出入，而且所绘金明池风物确非向壁虚构等方面看来，王氏挥毫之前，胸中应有一先入为主的底样，而此底样或即《上河图》未残本（包括其摹本）的末段。假如本文的这一设想能够成立，则今日犹可据王氏画卷窥知《上河图》佚失部分的风貌之一斑。失之东隅，收之桑榆，对读画者来说也是不幸中的大幸了。

（原载《文物天地》1992年第6期）

注释

① 罗哲文:《一幅宋代宫苑建筑写实画》,《文物》1960年第7期。李庵:《宋张择端的金明池龙舟争标图》,《新观察》1960年第7期。

② 当时很重视金水河的清水，东京城里自金水河引水的渠道多用砖衬砌，且有覆盖。又《梦溪笔谈·补笔谈》中提到金明池建澳屋后，“决汴水入澳”，则金明池中亦曾注入汴河之水。但此水是当时改引洛水为源的清汴之水。

③ 见1996年12月29日《中国文物报》。

④ 洪迈:《夷坚志·丁志》卷九。

⑤ 郑和宝船的长度依44.4明丈折合，应在150米以上，从而其排水量应达3万吨；这个数字也大得令人怀疑。上海交大杨檟教授据宝船现存的舵杆之长估算，宝船的长度为60米左右。池中的龙舟自应比作为远洋航船的宝船小得多。

⑥ 北宋末年祸国殃民的权奸大珰蔡京、梁师成、李彦、朱勔、王黼、童贯等六人被称为“六贼”。见宋·陈东《陈修撰集·登闻检院上钦宗书》。

⑦ 郑獬:《郧溪集》卷二七。

⑧ 朱翌:《灊山集》卷一。

⑨ 许政扬:《“清明上河图”画的是哪座桥》,《许政扬文存》,中华书局,1984年。

⑩ 郑振铎:《“清河上河图”的研究》,《文物精华》1,文物出版社,1959年。

六、玉辂

玉辂[1]：青质，以玉饰诸末[2]。重舆[3]。左青龙，右白虎。金凤翅[4]。画簴文、鸟、兽[5]。黄屋[6]。左纛[7]。金凤一，在轼前。十二銮，在衡[8]。正辂銮数。其副辂及耕根则皆八[9]。二铃，在轼。龙辀前设障尘[10]。青盖，黄里，绣饰，博山、镜子，树羽[11]。轮皆朱斑重牙[12]。左建旂，十有二旒，皆画升龙，其长曳地[13]。右载阘戟，长四尺，广三尺，黻文[14]。旂首金龙头，衔结绶及铃绥。驾苍龙[15]。金鍐[16]。方釳，插翟尾五隼[17]。镂锡[18]。鞶缨十有二就[19]。锡，马当颅，镂金为之[20]。鞶缨、鞍皆以五綵饰之。就，成也，一帀为一就也。祭祀、纳后则供之。

金辂：赤质，以金饰诸末，余与玉辂同。驾赤骝[21]。飨[22]、射、祀还、饮至则供之。

象辂：黄质，以象饰诸末，余与玉辂同。驾黄骝。行道则供之。

革辂：白质，挽之以革，余与玉辂同。驾白骆[23]。巡狩、临兵事则供之。

木辂：黑质，漆之，余与玉辂同。驾黑骝[24]。畋猎则供之。

五辂之盖、旌旗之质及鞶缨皆从辂色[25]，盖之里皆用黄。其镂锡[26]，五辂同。

（《旧唐书·舆服志》）

凡天子之车：

曰玉路者，祭祀、纳后所乘也。青质，玉饰末。

金路者，飨、射、祀还、饮至所乘也。赤质，金饰末。

象路者，行道所乘也。黄质，象饰末。

革路者，临兵、巡守所乘也。白质，挽以革。

木路者，蒐田所乘也。黑质，漆之。

五路皆重舆。左青龙，右白虎。金凤翅。画苣文、鸟、兽。黄屋。左纛。金凤一、铃二，在轼前。鸾十二，在衡。龙辀。前设障尘。青盖，三层，绣饰，上设博山、方镜，下圆镜，树羽。轮朱斑重牙[27]。左建旂，十有二旒，画升龙，其长曳地，青绣绸杠[28]。右载阘戟，长四尺，广三尺，黻文。旂首金龙衔锦结绶及绥带，垂铃。金鍐[29]。方釳插翟尾五隼[30]。镂锡。鞶缨十二就。旌旗、盖、鞶缨皆从路质，唯盖里用黄。五路皆有副。

（《新唐书·车服志》）

①“辂”，《新志》作“路”。《广雅疏证》卷七下说：“辂，古通作路。”汉代以后，辂指皇帝所乘之车。《晋志》说：五辂之中“玉辂最尊”。

②《续汉志》说：“太皇太后、皇太后法驾皆御金根……

黄金涂五末。”刘注引徐广曰：“未详。疑谓前一辕及衡端、毂头也。”《隋志》则对徐广的说法加以肯定，谓：“初齐武帝造大小辇……金为龙首，饰其五末：谓辕、毂头及衡端也。”五末之数是以独辀车的辕端及两毂头、两衡端合计得出的。《旧志》用语多因袭前史，这里却改称诸末，乃因此时独辀车早已成为历史陈迹。北魏道武帝时所制之“辇辂”有龙辀十六；“大楼辇”，辀十二，驾牛二十。唐代诸辂虽并不如此笨重，但唐代的显庆辂据《宋史·舆服志》所记，也有三辕；将其辕、衡、毂之端合计，数已过五。所以本节遂称之为“诸末”了。

③《礼记·曲礼》正义：“舆，车床也，车床以举众物。”车床即车箱。所谓重舆，就是将车箱分成两部分，御者居前，主人居后。始皇陵所出2号铜车已然如此。

④金凤翅是在辂箱后部所饰翅状物。

⑤《续汉志》说：“乘舆金根……櫎文画辀。”櫎文亦作虡文。《续汉书·礼仪志》下：“东园匠、考工令奏东园秘器，表里洞赤，虡文画日月、乌龟、龙虎、连璧、偃月。”《隋志》则称为“画簴文”，为本节用语之所本。櫎文即云气禽兽纹，详拙文《几种汉代的图案纹饰》（《文物》1982年第3期）。但是到了唐代，这种纹饰的

构图又有变化，不仅动物的造型更加生动，而且后衬的云气多代以缠枝卷草。西安碑林所藏唐《石台孝经》碑座上的卷草禽兽纹（图6–1），或可视为唐代檂纹之一例。

⑥《独断》上："黄屋者，盖以黄为里也。"《史记·项羽本纪》正义："李斐云：'天子车以黄缯为盖里。'" 黄屋是皇帝所乘之车的标志。《史记·秦始皇本纪》："子婴度次得嗣，冠玉冠，佩华绂，车黄屋，从百司，谒七庙。"《史记·淮南衡山列传》："淮南王长废先帝法，不听天子诏，居处无度，为黄屋盖乘舆，出入拟于天子。" 可证。

本节此处已对黄屋作出记述，但下文又说辂上有"青盖、黄里"，致使"黄屋"、"黄里" 前后两见。其所以如此，是因为《旧志》行文多沿袭《隋志》；但《隋志》"玉辂" 节此处作"轭左立纛"，所以下面又提到"青盖、黄里"。《旧志》则仿《续汉志》将该句改为"黄屋，左纛"，而至"青盖、黄里" 处又复照抄《隋志》，以致前后重复。

⑦左纛是一种马饰。其位置在文献记载中诸说不一。《史记·项羽本纪》集解引李斐说："纛，毛羽幢也，在乘舆车衡左上方注之。"《汉书·高帝纪》颜注引应劭说：

图 6–1　唐《石台孝经》碑座上所见榱纹

“雉尾为之，在左骖，当镳上。”《续汉志》说：“左纛以氂牛尾为之，在左骈马轭上，大如斗。”《文选 · 东京赋》薛综注：“左纛以旄牛尾，大如斗，置骈马头上。”此物只在始皇陵出土的1、2号铜车上见过，装在马头上，与薛说相合。至于是否还有装在衡、轭或镳上的，目前尚无法证实。而且据实物所见，左纛是装在右骖马头上，它在车子“左旋”时可用于催迫其余各马，以利转弯。

左纛常与黄屋并提，如《史记 · 南越列传》说：

赵佗“迺乘黄屋、左纛，称制，与中国侔”。但在黄屋、左纛二者当中，黄屋可以单独作为皇帝所乘之车的标志，左纛却只是它的陪衬。仍以上引赵佗事为例：《南越列传》中虽兼言黄屋与左纛，但在《陆贾列传》中只说：“陆生为太中大夫，往使尉他，令尉他去黄屋、称制，令比诸侯。”强调黄屋而不及左纛。再如《项羽本纪》记汉将纪信为掩护刘邦出逃，乃“乘黄屋车，傅左纛”。关于此事泷川资言在《史记会注考证》卷七中指出：当时“汉王未为天子，何以黄屋左纛？盖纪

信用引耳目，楚人遂为其所诳”。说明纪信此举之目的是为了招引楚人，并不反映确定的制度。何况始皇陵所出1、2号傅纛之铜车，也仅是副车，并非皇帝的乘舆。又《文选》卷二〇范晔《乐游应诏诗》云：“山梁协孔性，黄屋非尧心。”此以黄屋代表天子之位。倘使改成“左纛非尧心”，便不可解。故左纛与黄屋不同，仅在骖马头上施此种马饰，并不意味着该车一定是皇帝所乘。

⑧先秦时的銮皆为以方管承扁圆形泡状物的铜铃，装在轭顶或衡上。銮字亦作鸾。《大戴礼记·保傅篇》说：“在衡为鸾，在轼为和，马动而鸾鸣，鸾鸣而和应。声曰和，和则敬，此御之节也。”《白虎通义·车骑篇》说：“所以有和鸾者何？以正威仪，节行舒疾也。鸾者在衡，和者在轼。”这些书都用鸾字，实际上也确有作鸟形的鸾。《史记·礼书》正义引皇侃曰：“鸾以金为鸾，悬铃其中，（立）于衡上，以为迟疾之节。”《古今注》也说：“五辂衡上金爵者，朱雀也。口衔铃，铃谓銮，所谓和銮也。《礼记》云：‘行前朱鸟。’鸾也。前有鸾鸟，故谓之鸾；鸾口衔铃，故谓之鸾铃。今或为銮，或为鸾；事一而义异也。”鸟形的鸾在孝堂山石祠画像石之“大王车”上可以见到，即《续汉志》所称

"鸾雀立衡"。本节所说位于衡上的十二銮，亦作鸟形。《宋史·舆服志》说唐显庆辂"横木上有银凤十二"，应即此物。至于轼前的金凤，大概就相当于《大戴礼记》所说的轼前之"和"了。

⑨原作"正县銮数。皆其副辂及耕根则八"。"正县"当作"正辂"。正辂有十二銮，副辂八銮。"皆"字应移至"则"字下。疑为刻双行注文时误乱其行所致。

⑩《隋志》说:"龙辀之上，前设障尘。"则此物应位于车箱前面的辀上。宋·刘昌诗《芦浦笔记》卷一"泥轼"条说:"今考《前汉·黄霸传》:'别为车缇油屏泥于轼前，以彰有德。'其文意盖谓用缇油于车轼之前以屏蔽泥污耳。"隋、唐之障尘应自汉代的屏泥演变而来。

⑪辂盖饰博山和镜子的情况，在敦煌莫高窟296、420等窟的隋代壁画中可以看到。盖顶"树羽"的情况，在《洛神赋图》中的辂上可以看到。

⑫㉗"朱斑"原均作"朱班"。斑、班二字在汉代虽或相通假，如《三老赵掾碑》中说:"虽杨、贾、斑、杜，弗或过也。"斑即指班彪、班固等人。但汉以后，此种用法已经少见。且《续汉志》说：诸车"重牙斑轮"。则此处仍以作"斑"字为正。朱斑轮即朱色并画有斑

纹之轮。《东宫旧事》说皇太子的车有“画轮”（《北堂书钞》卷一四一引）。晋·张协在《洛禊赋》中也提到“华轮”（《艺文类聚》卷四引）。均即其类。

牙指接地的轮圈。《考工记·轮人》：“牙也者，以为固抱也。”孙诒让正义：牙“会合众木，聚成大圜形，互相持引而固也”。重牙或指轮牙用两层木材叠压嵌合，以使之更加坚固。

⑬我国古代有在车后插旗的做法，于金文中已可见之，如（中甗，三代5.5）、（作父乙辇尊，三代11.13）。后一字或释“辇”，其实均象车后插旗之形。这种形象在战国铜器刻纹中不乏其例（图6-2）。刘向

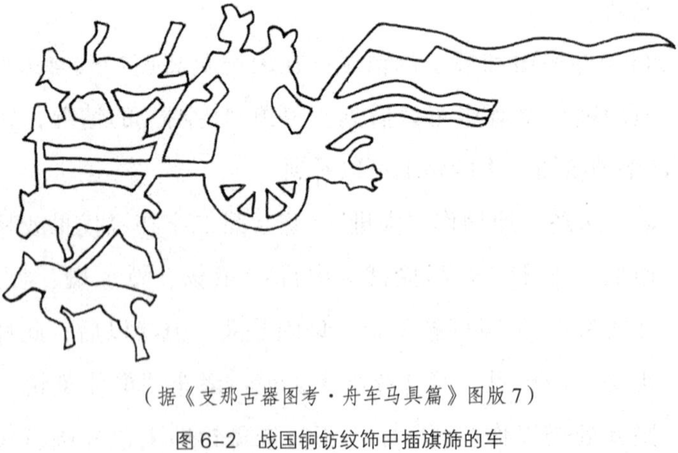

（据《支那古器图考·舟车马具篇》图版7）

图6-2　战国铜钫纹饰中插旗旆的车

《新序·义勇篇》说:“司马子期猎于云梦。载旗之长拖地,芊(当作“芋”,见《左传·昭公七年》)尹文拔剑齐诸轸而断之。”描写得就很具体。在皇帝的辂车上这种做法被固定化。《晋志》说:“(五路)斜注旂旗于车之左,又加棨戟于车之右,皆橐而施之。棨戟韬以黼绣,上为亚字,系大蛙蟆幡。”此制为唐代所沿袭。陕西乾县唐懿德太子墓壁画中之辂,亦于后部两侧插此二物。

⑭原作“蔽文”。据《通典》卷六四改。

⑮《礼记·月令》说:“孟春之月……乘銮辂,驾苍龙。”郑注:“春,东方,色青也。马八尺为龙。”《尔雅·释畜》郭注谓马高八尺为駥,则这里所称之龙即駥的假字。駥得义于戎。《尔雅·释诂》:“戎,大也。”可见駥或龙是指高大的马。唐代仍有沿用此名称者。《唐文粹》卷二二张说《大唐开元十三年陇右监牧颂德之碑》说:“别其种类,则有妍蹄繁鬣,小领远志。曰龙、曰騋、曰戎、曰骥。”但这里将龙与戎分为二类,已失其初义。故《宋史·舆服志》已不用龙一名,径说:玉辂“驾青马六”。

⑯㉙《旧志》原作“夓”,《新志》原作“鑁”。沈炳震《合钞》作“鑁”。均误。殿版《新志》考证曰:“鑁

当作騣。”尤误。这个字很容易写错。向达先生《蛮书校注》卷一〇“金鑁”注：“鑁字，内聚珍本、文津本、《新唐书》诸本作鑁，琳琅本、《备征志》作镂，渐西本作镂，鲍本作锓。卢（文弨）校云：‘按鑁当作钑，音范，金华所以饰马首。考董冲《唐书释音》云：亡敢切。则当作钑无疑。今改正。’云云。今案：鑁、鋄、镂诸字，音虽不同，而皆训马首饰，或作马冠，其义一也。锓即鋄，仍是一物。故仍旧不改。”赵吕甫《云南志校释》附录一“金鑁”的注也说：“镂、鋄二字音异义同。”但“夒”字《说文》训“敛足也”。“叜”字《说文》训“老也”。钱大昕《十驾斋养新录》卷四“叜”条说：“予谓叜盖从宵省声……叜之言宵，谓晦昧无所知也。”杨树达《积微居小学述林》卷五《文字中的加旁字》说：“叜从又、从火、从宀，谓手持火于屋下有所求。”同卷又说：“叜乃搜（今作搜）之初字。”其义均与马首饰无涉。通行本《文选·东京赋》：“金鋄镂钖。”李善注：“蔡邕曰：‘金鋄者，马冠也。’”高步瀛《文选李注义疏》引许巽行曰：“‘锓’，讹字也，当为‘锓’，从‘㚒’。《说文》：‘㚒，𡿺盖也。象皮包覆𡿺，下有两臂，而夂在下。读若范。’此‘鋄’字因‘㚒’为文，下当从夂，不从又也。”其实《四部丛刊初编》影宋《六臣注文选》此字作“鍐”，标“亡犯”切，本不误。《说文·夊部》“夎”下段注也已指出：“司马彪《舆服志》：‘乘舆金鍐。’刘昭引蔡邕《独断》曰：‘金鍐者，马冠也。高广各五寸，上如五华形，在马髦前。’薛综注《东京赋》同。案在马髦前，则正在马之𩕳盖。其字本作金夎，或加金旁耳。马融《广成颂》：‘扬金夎而拖玉瓖。’字正作‘夎’，可证。”则此字当以作“鍐”为正。

西周、春秋时的鍐即马冠，在出土物中有其实例（图6–3），但到了战国以后就不再出现。两志所记，尚不知其所指。至于《蛮书》所称金鏝，则应别是一物，不会和先秦时的马冠相同。

⑰㉚古代的马具中被称为方釳者有二物：一种是《东京赋》薛综注所说：“方釳，谓辕旁以五寸铁镂钖，中央低，两头高，如山形。而贯中以翟尾，结着之辕两边，恐马相突也。”即在始皇陵1号铜车上所见者。另一种如蔡邕《独断》所说：“方釳，铁也，广数寸，在马鬉后，有三孔，插翟尾其中。”《说文·金部》也说：“釳，乘舆马头上防釳，插以翟尾、铁翮。象角，所以防网罗釳去之。”又《鸟部》说：“鴙，走鸣长尾雉也，乘舆以为防釳，着马头上。”这一种装在马头上，与上述结

1. 陕西长安张家坡出土

2. 芝加哥美术研究所藏

3. 河南浚县出土

4. 芝加哥美术研究所藏

5. 河南浚县出土

6. 河南浚县出土

图6-3 镦

着在镳两边者绝不相同。《洛神赋图》中为曹植驾辂的四匹马，额鬃均扎起，其中插长羽毛。第二种方釳应即其插羽之基座，不过在该图中未表现出来。本节所言方釳应指后者。

“隼”字两志原均作“焦”。据《隋志》改。

⑱㉖“锡”字原均作“锡”。兹改正。《诗·大雅·韩奕》:“钩膺镂锡。”毛传:“镂锡，有金镂其锡也。”郑笺:“眉上曰锡，刻金饰之，今当卢也。”字亦作鍚。《急就篇》:“鞇靯鞊韀鞍镳鍚。”颜注:“鍚，马面上饰也，以金铜为之，俗谓之当颅。”自西周至两汉，马锡在出土物中不乏其例(图6-4)。在东晋·顾恺之《列女传图》中犹可见服马着锡之状，是已知此式马锡之最晚的图像(图6-5)。但是这种式样的锡在唐代已不流行，唐马在颅前常饰以杏叶；不过本节所说的锡是否也指此种杏叶而言，尚难肯定。新疆和田出土的7世纪木板彩画上之马，于额前装有类似汉、晋当颅之长条形饰片，惟其顶端饰以星月纹，应是从波斯方面传入的形制(图6-6)。此物在内地尚未见过。

⑲“鞶缨”亦作“樊缨”或“繁缨”，汉代经学家对它有不同的解释。《周礼·巾车》郑注:“樊读如鞶带之鞶，

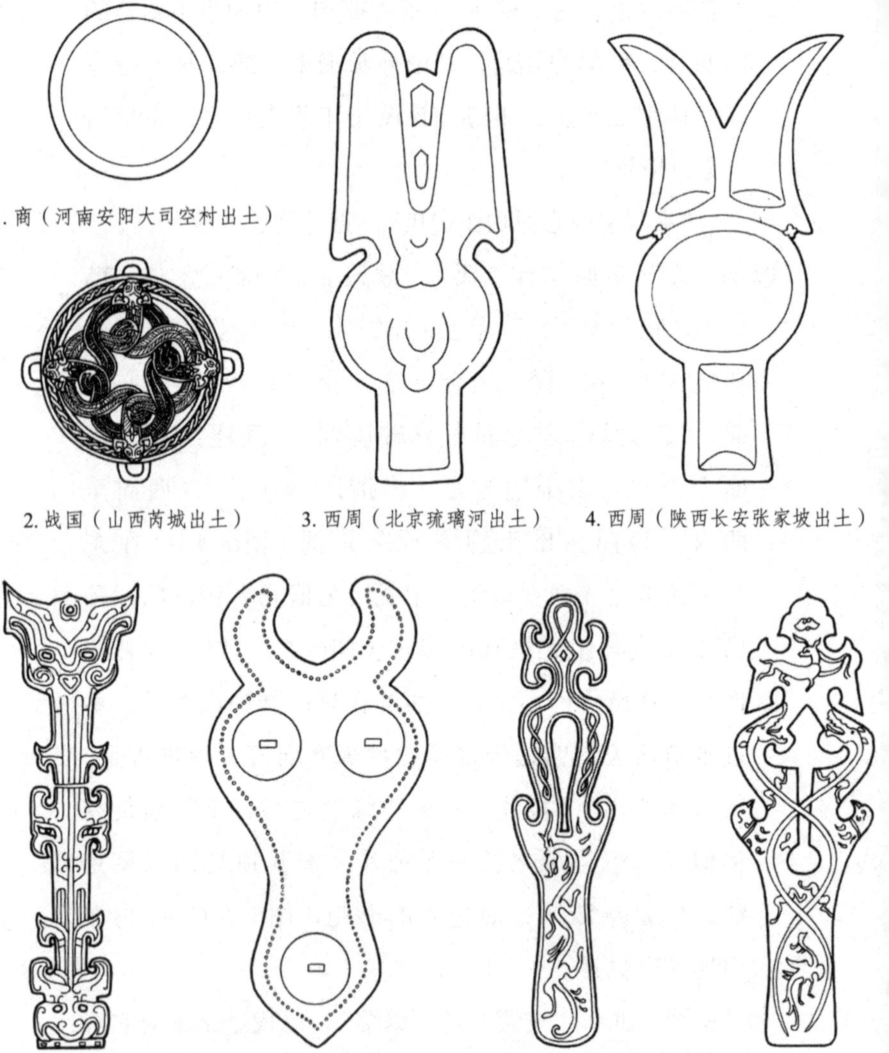

1. 商（河南安阳大司空村出土）

2. 战国（山西芮城出土）　3. 西周（北京琉璃河出土）　4. 西周（陕西长安张家坡出土）

5. 西周（陕西扶风出土）　6. 西汉（河北满城出土）　7. 西汉（湖北光化出土）　8. 西汉（湖南长沙出土

图 6–4　钖（1、2. 圆形　3–8. 马面形及其变体）

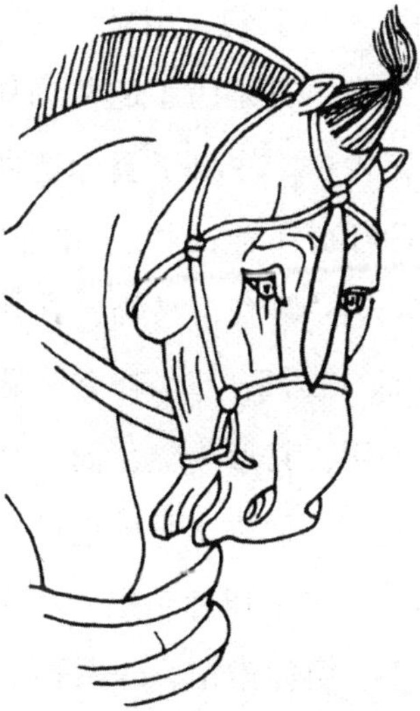

图 6-5 《列女传图》“伯玉车”
马额前所见之锡

图 6-6　和田出土彩绘木板画上所见之锡
（据 *Painting of Cen-tral Asia*，p.59）

谓今马大带也……缨，今马鞅。”依其说，则鞶和缨为二物，而且都是马曳车承力之带，不是为了起装饰作用的。但《左传·成公二年》说：“（仲叔于奚）请曲县、繁缨以朝。”所说的繁缨当是一种饰物。《巾车》贾疏：“贾（逵）、马（融）亦云：‘鞶缨，马饰，在膺前，十有二帀，以旄牛尾金涂十二重。’”《释名·释车》也说：“鞅……其下饰曰樊缨，其形樊樊，而上属缨也。”依此说则繁缨是系在鞶带下面垂于马胸前的饰物。《独断》说：“繁缨在马膺前，如索裙者是也。”《左传·桓公二年》孔疏引服虔曰：“缨如索裙，今乘舆大驾有之。”《孔子家语·正论篇》王注：“马缨当膺，似索裙。”仍主此说。作索裙状的繁缨在长沙西晋永宁二年墓所出骑马俑上可以见到。唐代的鞶缨或与之相近，但实例未见。

⑳“锡”字原作“锡”，“颀”字原作“鸠”。均误。兹改正。

㉑《诗·小戎》：“骐骝是中。”郑笺：“赤身黑鬣曰骝。”《尔雅·释畜》：“骝马，白腹騵。”郭注：“骝，赤色，黑鬣。”案一染谓之縓，即浅赤色。騵亦应为浅赤色的马；骝则是其黑鬣白腹者。本节所说驾金辂的赤骝就是这种马。但《释畜》又说：“骝马，黄脊騝。”可见

騂还有黄色的，本节所说驾象辂的黄騂即这种马。《集韵·平声十八尤》："骝亦作騂。"《广雅疏证》卷一〇下："今名马骠赤者为枣骝。骝，马赤也。"则至后世其黄脊之义已湮。

㉒"飨"字原作"乡"。据《新志》改。

㉓《诗·小雅·四牡》："啴啴骆马。"毛传："白马黑鬣曰骆。"《尔雅·释畜》、《礼记·月令》郑注之说并同，惟《广雅·释畜》说："白马朱鬣，骆。"《埤雅》则以为："今呼黄马尾鬣一道通黑如界者为骆〔盖马无分于黄白皆谓之骆〕，若今衣脊络缝，故曰骆也。《明堂位》曰：'夏后氏骆马黑鬣。'此以别白马朱鬣之骆也。《月令》曰：'孟秋驾白骆。'此以别黄马黑鬣之骆也。俗云骆马善耐劳苦。"

㉔案《月令》记五时驾马：春，苍龙；夏，赤騂；中央，黄騂；秋，白骆；冬，铁骊。《隋志》改骊为騂，两《唐志》因之。唯依《说文》"骊，马深黑色"之说，似当以骊为正。

㉕五辂本与五行学说相附会，其色为青、赤、黄、白、黑，即所谓五方正色。辂后左方所建之旗亦应分别与此五色相对应。五辂之旗各有专名：玉辂者名旂，金辂者名旆，象辂者名旌，革辂者名旗，木辂者名旐。

五种旗上并各有与其方之“德”相应之纹章。

案以青龙、白虎、朱雀、玄武等四灵代表四方，在古籍中屡见，然而于此说中却无代表中央土的象征物，与五行学说不能圆满配合。根据王莽《大诰》(《汉书·翟方进传》引)、蔡邕《月令章句》(《经解逸书考》引)、许慎《五经异义》、《礼纬·稽命征》(《御览》卷八七三引)等处的说法，汉代已以麒麟代表中央土。旗上的纹章亦用此制。《隋志》:“凡旗：太常画三辰，旃(当作‘旂’。《释名·释兵》:‘交龙为旂。’)画青龙，旟画朱雀，旌画黄麟，旗画白兽，旐画玄武。”唐辂之旗上的纹章，两志均无明文。但从《新唐书·车服志》所记传信符之制看来，上述做法在唐代仍无变化。兹将唐代各辂之特点列出如下表：

德	木	火	土	金	水
方	东	南	中	西	北
色	青	赤	黄	白	黑
辂	玉辂	金辂	象辂	革辂	木辂
旌旗	旂	旟	旌	旗	旐
纹章	青龙	朱鸟	黄麟	白虎	玄武
驾畜	苍龙	赤騵	黄騵	白骆	黑骊

㉘《尔雅·释天·讲武》:“素锦绸杠。”郭注:“以白地锦韬旗之竿。”《汉书·司马相如传》颜注引张揖曰:“绸,韬也。”则“绸杠”即《盐铁论·散不足篇》“结绥韬杠”之韬杠。杠指车盖柄,亦指旗竿。这里是说用青绣将旗竿包起来。

七、衮冕

衮冕[1]，金饰，垂白珠十二旒[2]，以组为缨，色如其绶，黈纩充耳，玉簪、导。玄衣，纁裳[3]。十二章[4]，八章在衣：日、月、星、龙、山、华虫、火、宗彝。四章在裳：藻、粉米、黼、黻。衣褾、领为升龙，织成[5]为之也。各为六等[6]，龙、山以下每章一行十二。白纱中单，黼领[7]，青褾、襈、裾。黻。加龙、山、火三章[8]。余同上。革带，大带，剑，佩，绶，与上同。舄加金饰[9]。诸祭祀及庙、遣上将、征还、饮至、践阼、加元服、纳后若元日受朝则服之。

（《旧唐书·舆服志》）

衮冕者，践阼[10]、飨庙、征还、遣将、饮至、加元服、纳后、元日受朝贺、临轩册拜王公之服也。广一尺二寸，长二尺四寸，金饰，玉簪、导，垂白珠十二旒，朱丝组带为缨，色如绶。深青衣，纁裳。十二章：日、月、星辰、山、龙、华虫、火、宗彝八章在衣；藻、粉米、黼、黻四章在裳。衣画、裳绣，以象天地之色也。自山、龙以下，每章一行为等，每行十二。衣褾、领画以升龙。白纱中单，黻领，青褾、襈、裾。韨绣龙、山、火三章。舄加金饰。

（《新唐书·车服志》）

①《周礼·司服》："享先王则衮冕。"郑注："衮，卷龙衣也。"《礼记·玉藻》："龙卷以祭。"郑注："龙卷画龙于衣，字或作衮。"又《礼器》："礼有以文为贵者，天子

龙衮。”慧琳《一切经音义》卷九二引《说文》:“衮,龙衣也。卷龙绣于下幅,一龙蟠阿上向。”《释名·释首饰》:“衮,卷也,画卷龙于衣也。”诸说并以为衮是卷龙,画卷龙之衣则名衮衣,衮冕即着衮衣而戴冕。

据《逸周书·世俘篇》说,武王克殷后举行大祭祀时“服衮衣”。则远在西周初已将衮衣视为最隆重的礼服。但衮衣在西周金文中常作“玄衮衣”。《诗·小雅·采菽》亦称:“玄衮及黼。”则衮衣应为玄色即赤黑色之衣。案我国古代以茜草染色时,一染谓之縓,再染谓之赪,三染谓之纁(《尔雅·释器》),四染谓之朱(《士冠礼》郑注),五染谓之緅(《考工记·锺氏》),六染谓之玄(《锺氏》郑注)。陈汉平《册命金文所见西周舆服制度》(《西周史研究》,《人文杂志丛刊》2辑)一文说:“所染次数越多,越为高贵。”故玄色为天子衣色。玄衣上的衮除解释为龙者外,《尔雅·释言》说:“衮,黻也。”黻之初义指黑与青相次之文(《考工记·画缋》)。《尚书·益稷篇》伪孔传则说“黻为两己相背”的图案。则衮衣有可能是在赤黑色的衣上画两己(或两弓)相背之纹。但《荀子·富国篇》说:“天子袾裷。”杨注:“袾,古朱字。裷与衮同。画龙于衣谓之衮。朱衮以朱为质也。”则衮衣又有可能是在朱衣上画龙纹。二说疑莫能定；但看来后一说的可能性较大。

西汉时，皇帝仍用龙作为衣上的纹饰。《说苑·修文篇》说：“士服黻，大夫黼，诸侯火，天子山、龙。”虽然此说本诸《礼器》；但于永平间采用十二章以前的服章，或与之相近。

②冕前的垂珠名旒。《大戴礼记·入官篇》说：“冕而前旒，所以蔽明也。”旒字本作鎏。《说文》：“冕，大夫以上冠也，邃延、垂鎏、纨纩。”鎏又名璪。《礼记·玉藻》：“天子玉藻十有二旒。”孔疏：“藻本又作璪。”《说文》：“璪，玉饰。”即指玉珠。清·俞樾《玉佩考》说：“古人所谓珠者，实皆以白玉为之……许君隶珠篆于玉部，而其说以为蚌之阴精……疑失之矣。”据《尔雅·释地》说：“西方之美者，有霍山之多珠玉焉。”珠自山出，应是玉珠。清·于鬯《说文职墨》卷一说：“《玉部》：‘珠，蚌之阴精。从玉，朱声。’案珠疑本指玉之圜者，故字从玉。玉之圜者曰珠，是其本义。蚌之阴精亦圜如珠，是其借义。自借义行而本义晦，故许氏但以蚌之阴精为训矣。”其说是。汉代皇帝冕上用白玉珠，三公、诸侯用青玉珠，卿、大夫用黑玉珠。《晋志》说魏明帝用珊瑚珠。南朝陈时始用蚌珠。《隋志》说：“陈永定元年……侍中顾和奏：‘今不

能备玉珠，可用白琁。’从之。肖骄子云：‘白琁，蚌珠是也。’”汉代仅将蜯珠（蠙珠）用于玉佩，此时则兼用于冕旒。而本节说的白珠，大约亦是蚌珠。

③《周礼·司服》郑注：“凡冕服，皆玄衣纁裳。”《续汉志》说：“祀天地、明堂，皆冠旒冕，衣裳玄上纁下。”

④关于十二章，先秦时并无此制，故于秦始皇完成统一后制定服制时，未见十二章的痕迹。西汉以后，由于儒家学说受到尊崇，人们对《虞书》中窜入的十二章之说，不敢轻易怀疑，而诸经师又纷纷加以诠释。其情况略如清·雷镈《古经服纬》卷上雷学淇释所说：“自汉以后，儒者说此，与《经》拂戾。伏生《书》传谓：华虫黄、作绘黑、宗彝白、璪火赤、山龙青。天子服五章，诸侯四，子男三，大夫二，士山龙。大小夏侯《书说》以日、月、星辰为三章，山龙以下为九章。刘向《说苑》谓士黻、大夫黼、诸侯火、天子山、龙。刘熙《释名》以画藻为毳衣，象水草之毳芮。伪孔传用马季长之说，以日月、星辰为二章，华、虫亦为二章，谓诸侯自龙衮以下九章，去三辰及山。郑康成《书》注，以日、月、星辰为三章；以华虫为一章，谓即鷩雉；以宗彝为一章，谓是虎彝蜼彝，又谓蜼是兽属；以粉米为一章，谓是白米。其《礼》注又谓周

人不以三辰为衣之章，登龙于山，登火于宗彝。王之冕服九章，鲁人十二章。《考工记》注又谓衣画天地，是天子僭天；鸟兽蛇即鷩雉之文；且谓火在裳，獐在衣；与《书》、《礼》之注自戾。杜氏《左传》'九文'注，亦分华、虫为二，合粉米为一。……凡此者，于诸《经》之文，各有柢牾。"这些解释虽议论纷纭，莫衷一是，但皇帝冕服上应有十二章之观念，却已深入人心。所以东汉明帝遂采东平王苍的建议，袭十二章之服。自此以后，形成定制，为唐代所沿袭。

日、月、星辰三章居十二章之首。《隋志》说：大业元年虞世基奏："于左右膊上为日、月各一，当后领而下为星辰。"左右膊上的日、月在《历代帝王图卷》及莫高窟初唐壁画中都能见到。根据吐鲁番出土唐代绢画，日、月在其圆形的轮廓中还应画出三足乌与蟾蜍、玉兔等（图7–1）。但星辰由于画在背后，不易见到。《尚书·益稷篇》孔疏："《穆天子传》：'画日、月、七星。'盖画北斗也。"清·恽敬《大云山房十二章图说》卷一："斗为星枢，故画之。"则背后画的星辰应是北斗七星。

龙、山二章，在莫高窟石室所出沙州龙兴寺旧藏五代绢画《五方五帝图》中可以看到（图7–2:2）。龙

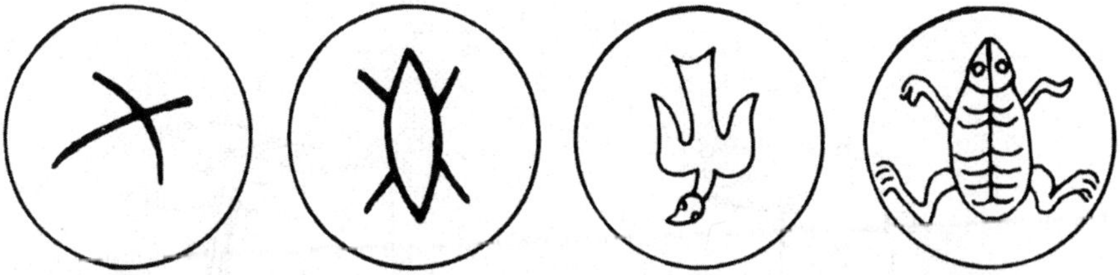

1、2. 东汉规矩镜图纹中青龙、白虎所捧举的日、月（据容庚《古镜影》图 2）

3. 孝堂山石祠画像石中的日

4. 河南襄城茨沟汉墓画像石中的月（据《考古学报》1964 年第 1 期，页 124）

5、6. 江苏铜山小李村苗山汉墓画像石中的日、月（据《江苏徐州汉画像石》图 30、31）

7、8. 吐鲁番出土绢画上的日、月（据《吐鲁番考古记》图 61）

9. 敦煌石室所出纸本绘画《日前摩利支天图》中的日（据《西域画聚成》11 辑，图 1）

10. 湖南长沙丝茅冲出土五代“月宫镜”（据 1962 · 6 · 13《新湖南报》）

图 7–1　日、月图案

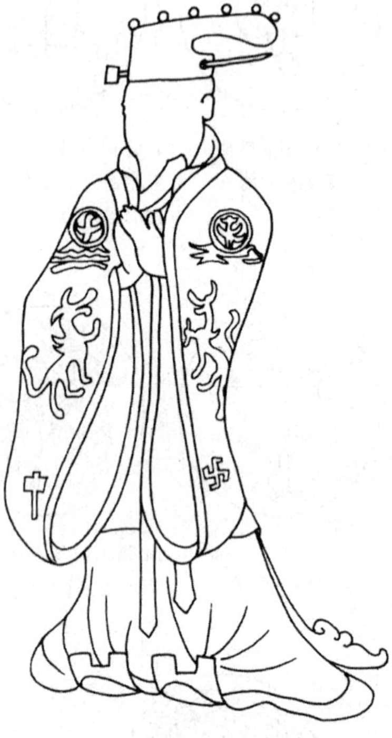

1. 敦煌石室所出唐代纸本佛画中礼佛的帝王（据松本荣一《燉煌画の研究》图版 54a）

2. 敦煌石室所出五代绢画《五方五帝图》的一部分（据《大风堂名迹》4 集，图 3）

图 7–2　帝王的章服

在莫高窟藏经洞所出唐代纸本绘画维摩经变相中帝王之衣上，也表现得很清楚（图7–2:1）。华虫则是雉。《周礼·司服》郑注:“雉，谓华虫也。”华虫在《五方五帝图》上也有。至于宗彝，则稍稍费解。《司服》郑注:“虎、蜼谓宗彝也。”贾疏:“宗彝是宗庙彝尊，非虫兽之号。而言宗彝者，以虎、蜼画于宗彝，则因号虎蜼为宗彝，其实是虎、蜼也。但虎、蜼同在于彝，故此亦并为一章也。虎取其严猛，蜼取其有智。"《尔雅·释兽》:“蜼，卬鼻而长尾。”郭注:“蜼似猕猴而大，黄黑色。尾长数尺，似獭尾，末有歧。鼻露向上，雨即自悬于树，以尾塞鼻，或以两指。"《隋志》说:“今祭服三公衣身画兽（即虎，下同），其腰及袖又有青兽，形与兽同，义应是蜼，即宗彝也……今画宗彝，即是周礼。但郑玄云:‘蜼，禺属，昂鼻长尾。’是兽之轻少者，谓宜不得同兽。”则隋代的蜼画得像虎，而在《五方五帝图》两袖下端所见之兽，其一颇似猕猴，应是蜼；另一只露头部，应是虎。但商周彝器上本无此种图形，这是从《周礼·司尊彝》所说的虎彝、蜼彝等名目中附会出来的。

藻本应作璪。《说文》璪字下引《虞书》:“璪、火、黺、米。"《尚书大传》亦作“璪、火”。璪即《山海经·西山经》所说的“藻玉”，郭注：“藻玉，玉有符采者。”案《司服》郑注谓：藻、粉米、黼、黻“皆希以为绣”，则璪是一种绣出的花纹。璪的本义是有符采的玉石子，那么这种绣文起初亦应仿佛其状。但由于璪假为藻，《尚书·益稷篇》伪孔传遂说：“藻，水草有文者。”后世乃袭用此说。

粉、米依《说文》当作黺、絲。《益稷篇》音义：“《说文》作黺、絲。徐（徐仙民本）米作絲。”案《说文》曾说：“黺，画粉也。”仿佛这是一种画出的花纹，似不确。因为黺字从黹。《说文》：“黹，箴缕所紩衣。”与《司服》郑注认为粉米“皆希以为绣”之说合。絲字今本《说文》未收。《韵会》八荠：“絩，绣文如聚细米。从糸从米，米亦声。《说文》或作絲。”表示它们原应为细点状的绣文。

黼、黻原指色彩的搭配。《尔雅·释言》说：“黼、黻，彰也。”也是从色彩方面着眼。《考工记》说：“白与黑谓之黼，黑与青谓之黻。”《诗·采菽》又《终南》毛传、《说文》、《荀子·非相篇》杨注、《吕氏春秋·季夏纪》又《淮南子·说林》高注并同。唯《淮南子·时则》作：“白与黑为黼，青与赤为黻。”所释略有差异。可是后来却为黼、黻拟出两种具体的形象。

《尔雅·释器》说:“斧谓之黼。”《释言》郭注:“黼文如斧。黻文如两已相背。”而《汉书·韦贤传》颜注又说:“黼衣画为斧形,而白与黑为彩也。朱绂为朱裳画为亞文也。亞,古弗字也,故因谓之绂。字又作黻,其音同声。”清·阮元说:“画黻作亞形,明两弓相背,非两已相背也。”(郝懿行《尔雅义疏》卷上之二引)本来黼之作斧,是采用类似音训的办法,黻之作亞(弗),也是如此。孙诒让说:“经传中‘弼’、‘佛’、‘弗’每相通假,音亦近转。凡钟鼎文作亞者,乃辅戾二弓之象,正是古黻字。”(《周礼正义》卷七九)其说近是。在唐代,斧形之黼已见于石室所出维摩经变相(图7–2:1),亞形之黻亦见于《历代帝王图卷》中司马炎像之衣上,因知此时已用此说。后世的十二章基本上沿用了这些图案(图7–3)。

经过上述种种变化和附会以后,十二章遂被儒家赋予象征性的意义。《礼记·明堂位》郑注:“山取其仁可仰也,火取其明也,龙取其变化也。”说的还比较简单。《大唐郊祀录》卷三引梁·崔灵恩《三礼义宗》之说,则更加发挥。谓:“日、月、星辰三章,有真画作其形,欲明王者有光照之功,垂于下土。山亦画为山形,取其能兴云雨,膏润万物,象王之泽沾于下也。

（据《三才图会·衣服图会》）

图 7-3　明代的十二章

龙亦真画作龙形，其变物无方，潜见变化，显王者之德，卷舒有时，应机布道。华虫者画作鷩雉之形，有文饰，故谓之华虫也；象其身被五色，有炳蔚之文，似王者体合五常，又兼文明之性。宗彝者画虎、蜼于宗庙之器，为饰因之，象虎、蜼以猛刚制物，王者亦以盛武定乱也。藻，水草也，画其形，藻能逐水上下，似王者之德日新也。火曰炎上，象德常升也。粉、米亦画其形，粉洁白，故以名之；米者，人恃之以生者，亦物之所赖以治。黼画斧形，象王者能割断，临事能决也。黻者两已相背，明民见善改恶也。此皆圣人法象之义。”尽管这类解释中不乏矛盾牵强之处，却将十二章涂上了一层神圣的光彩，使之成为中国封建时代帝王法服上相沿不替之纹饰，一直沿用到明、清。

⑤汉代已有“织成”这一名称。《汉书·汲黯传》：“上尝坐武帐见黯。”颜注引应劭曰：“武帐，织成帐为武士象也。”《西京杂记》卷一说：汉宣帝的身毒国宝镜“常以琥珀笥盛之，缄以戚里织成，一曰斜文锦。”则汉代所谓织成，或即是锦。《续汉志》说：“虎贲武骑皆鹖冠、虎文单衣，襄邑岁献织成虎文云。”而《陈留风俗传》说：“襄邑……有黼黻藻锦，日月华虫，以奉天子宗庙御服焉。”（《御览》卷八一六引）《论衡·程材篇》

说:“襄邑俗织锦，钝妇无不巧者。”都说襄邑产锦，也可以作为这时的织成即锦的旁证。可是到了两晋南北朝时，有些织物花纹的复杂程度似乎用一般织锦的工艺难以胜任。如《晋书·列女传》说窦滔妻苏若兰“织锦为回文旋图诗以赠滔，宛转循环以读之，词甚悽惋”。这种回文旋图大概要用小梭以通经断纬的所谓缀织法才能织成。此后，文献中常常提到织成。《御览》卷八一六引《晋后略》说:“张方兵入洛诸官府，大劫掠，御宝织成流苏皆分割为马帴矣。”同卷引《邺中记》说:“石虎冬月施流苏斗帐，悬金薄织成腕囊。”《陈书·宣帝纪》说:“上织成罗纹锦被、裘各二。”《南史·东昏侯纪》说：帝“着织成袴褶。”这些织成都可能是用缀织法织的，所以史籍中才特别予以说明。到了唐代，有关这类织物的例子更多。唐·段成式《寺塔记》说:“招国坊崇济寺，寺内有天后织成蛟龙披袄子。”唐·姚汝能《安禄山事迹》卷上说：天宝九载，禄山献俘入京。玄宗赐物内有“夹颉罗顶额织成锦帘二领。”如果说这些织成之花纹的特点还不足以充分说明它们就是缀织物的话，那么唐·李濬《松窗杂录》“物之异闻条”中所记“西蜀织成兰亭”，织的是著名法书剧迹，则非一般提花织法所能完成。《杜工部集》

卷二〇《太子张舍人遗织成褥段》说:“客从西北来,遗我翠织成。开缄风涛涌,中有掉尾鲸。逶迤罗水族,琐细不足名。”它像是一帧单幅的图画,摹织这种精品,更非缀织莫办。织成今日多称之为刻丝。宋·庄绰《鸡肋编》卷上说:“定州织刻丝,不用大机,以熟色丝经于木棦上,随所欲作花草禽兽状。以小梭织纬时,先留其处,方以杂色线缀于经纬之上,合以成文,若不相连,承空视之,如雕镂之象,故名刻丝。如妇人一衣,终岁可就。虽作百花使不相类亦可,盖纬线非通梭所织也。”唐代刻丝的实物尚有存世者。1973年新疆吐鲁番阿斯塔那唐墓中曾出土一条几何纹刻丝带子。20世纪初在莫高窟藏经洞和新疆等地也曾发现过一些唐代刻丝残片。日本奈良正仓院所藏唐“七条织成树皮色袈裟”,刻丝的技术已较成熟。唐代冕服中所用织成,当即此类。

⑥恽敬《大云山房十二章图说》卷二《唐十二章图说》谓:“自山、龙以下,每章一行为等……日、月、星如《隋志》,画于膊及领后,不为行也。每行十二,言横之行也,每章一行为等,言纵之等也。自山、龙以下得九等。盖唐制与后周十二等不同,而同于隋。”

⑦我国古代对衣上的绣领很重视。《诗·唐风·扬之

水》："素衣朱襮。"毛传："襮，领也，诸侯绣黼。"《尔雅·释器》："黼领谓之襮。"郭注："绣刺黼文以褗领。"这时贵族的衣领上多绣黼文。《仪礼·士昏礼》郑注："卿大夫之妻刺黼以为领。"《汉书·贾谊传》："美者黼绣……天子之后以缘其领。"又《景十三王·广川王去传》："时爱为去刺方领绣。"颜注引晋灼曰："绣为方领，上刺作黼黻文。"自实物资料中所见，这种风尚的渊源实极为悠古，殷墟出土大理石人像的衣领上就有一道勾连雷纹（图7–4）。所谓黼领，当与之一脉相承。

（据《中国古代服饰研究》页2）

图 7–4　殷墟出土大理石人像

又，近读唐友波研究春成侯盉与长子盉之文，他认为两器刻铭中所称“黼”，皆指器表装饰的勾连雷纹而言（《上海博物馆集刊》8），更有助于证成上说。

⑧“加”字原作“如”。据《通典》卷一〇八改。

⑨复底之履名舄，这是舄的本义。但《御览》卷六九七引徐乾《古履仪》说：“舄者一物之别名，履者足践之通称。”而宋·高承《事物纪原》卷三又说：“祭服谓之舄，朝服谓之履，燕服谓之屦也。”则舄、履、屦的区别这时仅依其用途而分。唐代的冕服本已兼起祭服与朝服的双重作用，所以舄、履、屦等名称，也就有所混同了。

《仪礼·士冠礼》说：“玄端。黑屦、青絇、繶、纯，纯博寸。”郑注：“玄端黑屦，以玄裳为正也。絇之言拘也，以为行戒，状如刀衣鼻，在屦头。繶，缝中紃也。纯，缘也。”贾疏：“云‘状如刀衣鼻，在屦头’者，此以汉法言之。今之屦头见有下鼻似刀衣鼻，故以为况也。云‘繶，缝中紃也’者，谓牙、底相接之缝中有绦紃也。云‘纯，缘也’者，谓绕口缘边也。”这里说的虽然是屦，但移之于履亦可通。《晏子春秋·内篇·谏下》说：“景公为履，黄金之綦，饰以银，连以珠；良玉之絇，其长尺。”綦也是缘履口的边饰。

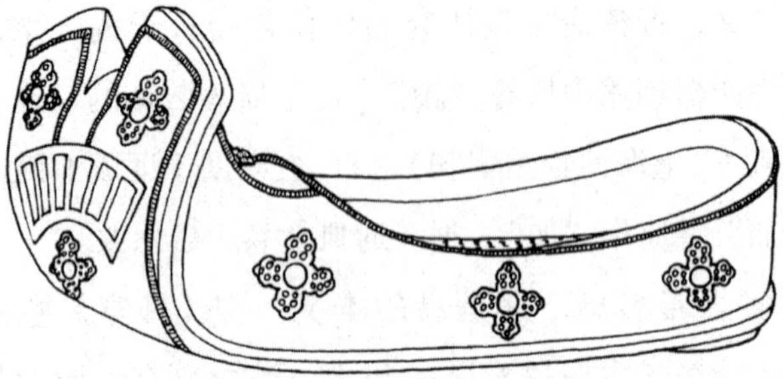

（据《东瀛珠光》6辑，图323）

图7–5 日本圣武天皇礼履

《尔雅·释天》郭注："用綦组饰旒之边。"做法正相同。除了缘口的边（纯、綦）和底与帮之间掐的绦子（繶）之外，头部的絇也是它们的一大特点。对此，郑玄注说得很清楚，贾公彦疏却说得比较含糊。案刀衣即鞘，鞘上之鼻即璏，璏端翻卷，和履絇的形状颇相似。

魏晋以后，絇、繶等名称已不习用，但履制变化不大。《中华古今注》说："宋有重台履，梁有笏头履、分梢履、立凤履，又有五色云霞履。"只不过更加踵事增华而已。唐履的形制仍与之相仿。唐太宗文德皇后履至宋代犹存。明·顾起元《说略》卷二一说："唐文德皇后遗履，为米元章写图，左方有小跋，是元章为画学博士时笔。跋云：'右唐文德皇后遗履，以丹羽织成，

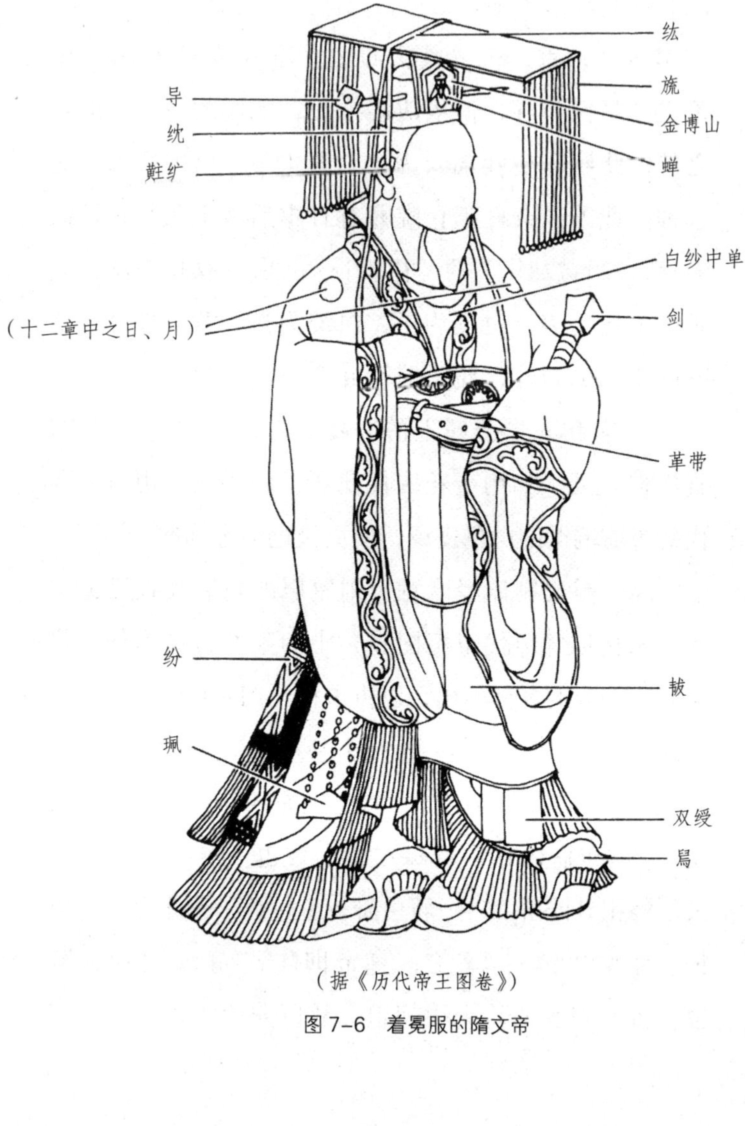

（据《历代帝王图卷》）

图 7–6 着冕服的隋文帝

前后金叶裁云为饰。长尺，底向上三寸许。中有两系，首缀二珠；首，古之歧头履也。臣米芾图并书。”米芾之图虽已不存，但依跋语推测，此履的歧首，即古之绚；此履以金叶裁云为饰，即本节“舄加金饰”之金饰。此外，奈良正仓院藏有日本后太上天皇（圣武天皇，724~728年）的“礼履”，也是一双歧头履。此履以赤皮为表，白皮为里，白绫为褥，黄金押缝，饰以嵌珍珠的银花，履头前端并镶有白色皮革六片（图7-5）。它和齐景公履上的“黄金之綦”、“良玉之绚”有类似之处。如用金花取代此履上的银花，用白玉取代此履前端镶的白色皮革，便更接近加金饰的赤舄了。

舄、履之制诠释既竟，则冕服的轮廓大致已见于此。兹更以《历代帝王图卷》中的隋文帝像为例，将冕服各部分的名称标出，以供参稽（图7-6）。

⑩“阼”字原作“祚”。据《旧志》改。案《仪礼·乡射礼》:“主人于阼阶上。”郑注:“东阶也。”《礼记·曲礼》:“践阼临祭祀。”孔疏:“践，履也。阼，主人阶也。天子祭祀升阼阶。……履主阶行事，故云践阼也。”《史记·孝文本纪》:“辛亥，皇帝即阼。”正义:“主人阶也。古时殿前两阶无中间道，故以阼阶为天子之位。”

附：咏龙文物

妇好犹珍红山龙，
如奉北辰转玉衡。
开辟洪荒多少事，
一鳞一甲总关情。
（妇好墓玉龙与红山玉龙一脉相承）

驰电奔霆指顾间，
昂扬头角出桥栏。
李春留得典型在，
高枕清江耀岁寒。
（赵州桥雕龙栏板）

拏云擘日曳惊虹，
海内无如此壁雄。
不缘诗人逞绝唱，
扶摇便自上鸿蒙。
（大同九龙壁）

戊辰金币铸蟠龙，
璀璨祥光掌上荧。
中国货泉多异品，
今年又喜添宁馨。
（戊辰龙币）

（1988年）